체 게바라와 쿠바 혁명

체 게바라와 쿠바 혁명

마이크 곤살레스 지음 · 이수현 옮김

책갈피

옮긴이 이수현

이 책을 옮긴 이수현은 고려대학교 법대를 졸업했고 현재 프리랜서 번역가로 활동하고 있다. ≪세계를 뒤흔든 1968≫(책갈피), ≪미국의 이라크 전쟁≫(북막스) 등을 번역했다.

체 게바라와 쿠바 혁명

지은이 마이크 곤살레스
옮긴이 이수현
펴낸곳 도서출판 책갈피
펴낸이 최수진

등록 1992년 2월 14일(제18-29호)
주소 서울 중구 필동 1가 21-2 대덕빌딩 205호(100-866)
전화 (02) 2265-6354
팩스 (02) 2265-6395
메일 bookmarx@naver.com

첫 번째 찍은 날 2005년 1월 25일
두 번째 찍은 날 2021년 7월 30일

ISBN 89-7966-037-5 03300
값 7,800원

잘못된 책은 바꿔 드립니다.

레이첼, 안나, 도미닉에게
이 책을 바칩니다.

| 쿠바 지도 |

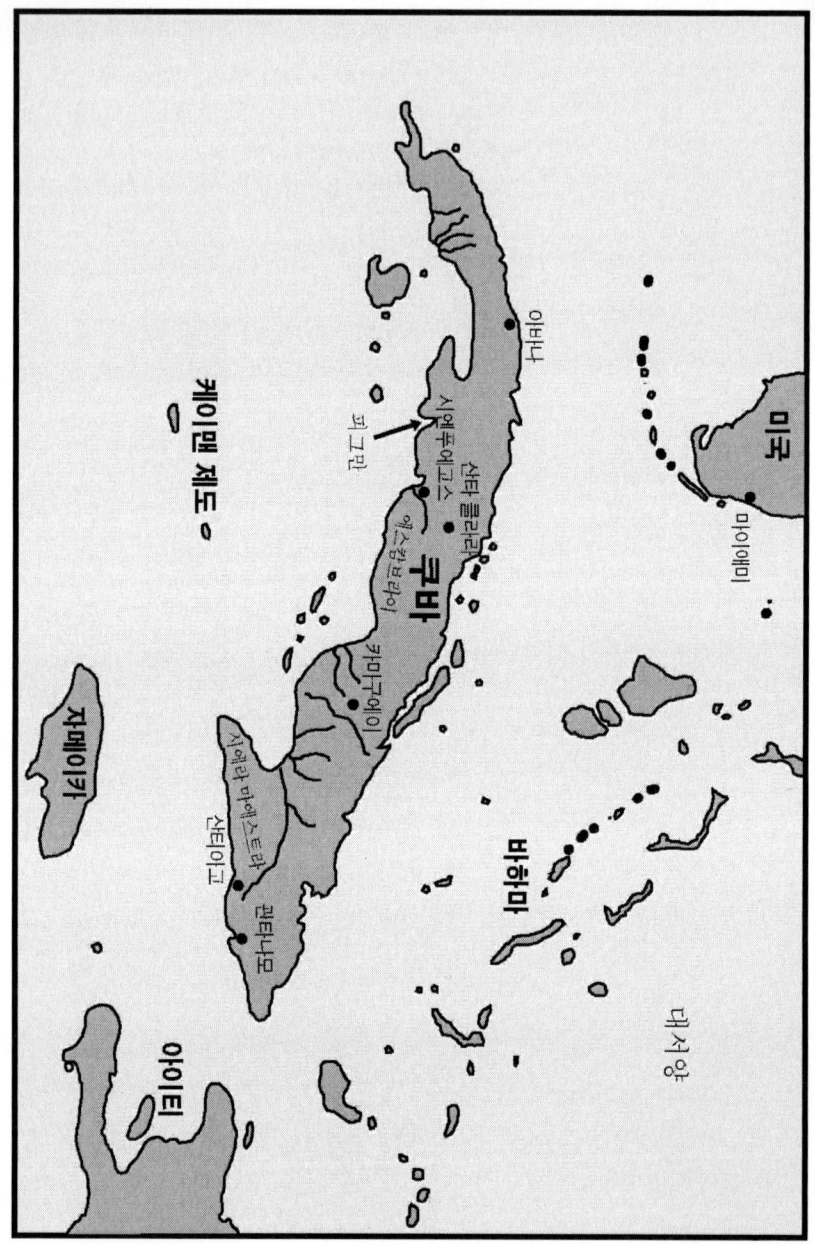

차례 · 체 게바라와 쿠바 혁명

■ 한국어판 서문 · 9

제1장 군중 속의 얼굴 · 13
제2장 어린 시절 · 19
제3장 모터사이클 다이어리 · 33
제4장 바나나 공화국 · 43
제5장 카스트로를 만나다 · 55
제6장 82명의 전사들 · 72
제7장 산과 평야 · 84
제8장 아바나 진군 · 100
제9장 권력을 잡다 · 119
제10장 혁명의 확산 · 134
제11장 희생과 헌신 · 150
제12장 미사일 위기 · 165
제13장 결혼도 아니고 이혼도 아닌 · 177
제14장 마지막 여정 · 193
제15장 죽음과 부활 · 208

■ 후주 · 213
■ 연표 · 225
■ 찾아보기 · 231

일러두기

1. 인명과 지명 등을 포함한 외래어는 최대한 외래어 표기법에 맞춰 표기했다.
2. 본문에서 [ ]는 옮긴이가 우리말로 옮기는 과정에서 독자들의 이해를 돕고 문맥을 매끄럽게 하기 위해 덧붙인 것이다. 단, 인용문에서는 옮긴이 첨가와 저자 첨가를 구분하기 위해 [— 곤살레스]라는 표기를 두었다.
3. ≪ ≫는 책, 잡지 등을 나타내고, < >는 신문, 영화, 노래 등을 나타낸다.
4. 저자의 원주(原住)는 책 뒤에 후주로 처리했다.

한국어판 서문

2005년이 시작됐지만, 이라크에서 제국주의 전쟁의 파괴와 만행은 계속되고 있다. 점령군을 위해서는 막대한 자원을 사용하는 미국과 영국 정부가 인도양의 지진해일 피해자들을 위해서는 쥐꼬리만큼만 쓰려 했다. 그러나 전 세계의 노동 대중은 자신들과 똑같은 사람들을 지원하기 위해 발 벗고 나섰다. 이에 수치심을 느낀 부시와 블레어는 쥐꼬리만한 원조 금액을 늘려야 했다.

이런 연대의 본능은 사람들이 자연 재앙의 피해자들에게 느끼는 슬픔과 구호 성금 모금에서 드러난다. 또, 극소수 다국적기업들의 이익을 지키기 위한 전쟁이자 거짓말에 기초한 전쟁인 이라크 전쟁에 항의하는 운동에서도 드러난다. 그 거짓말이 드러날 때마다, 그리고 각각의 파괴 행위가 알려질 때마다, 전 세계 반전 운동은 조금씩 성장하고 있다. 그리고 운동이 성장하면서 새로운 문제들이 제기된다. 왜 전쟁은 자본주의 사회의 고질적인 특징인가? 우리가 사용할 수 있는 자원과 지식이 이토록 많은데도 왜 여전히 많은 사람들은 빈곤과 기아에 시달리는가?

거의 40년 전에 죽은 아르헨티나 혁명가의 얼굴과 이미지에 상징적으로 나타난 것은 바로 그런 정신이다. 오늘날 전쟁에 반대하고 세계화에 반대하고 인종 차별에 반대하는 시위를 벌이는 많은 사람들은 체 게바라가 볼리비아에서 죽었을 때 아직 태어나지도 않은 사람들이다. 그러나 그들이 시위를 벌이고 행진하는 곳 어디서나 티셔츠, 배너, 배지에 게바라의 얼굴이 등장한다. 게바라의 이미지는 모든 영역을 넘나드는 최고의 상징이다.

최근 개봉한 영화 — 월터 살레스가 감독한 <모터싸이클 다이어리> — 는 게바라의 라틴아메리카 여행과 정치 의식의 각성을 추적하고 있다. 그 영화는 어디서나 엄청난 상업적 성공을 거뒀다. 주로 젊은 층 관객이 대거 몰려들었다. 게바라의 다른 저작들도 서점가에 다시 진열되기 시작했다.

전 세계의 새 세대 반자본주의자들 사이에서 게바라가 엄청난 반향을 불러일으키는 것을 어떻게 설명할 수 있을까?

그것을 단지 상업적 문제로 치부하며 빈정대는 사람들이 있다. 즉, 게바라는 하나의 브랜드일 뿐이라는 것이다. 그러나 거리로 뛰쳐나가 시위를 벌이는 젊은이들이 단순한 브랜드로 게바라 이미지를 선택하는 것은 아니다. 어쨌든 게바라의 얼굴은 그런 연대의 본능, 불의와 착취에 맞선 저항을 표현한다. 바로 그런 불의와 착취 때문에 그들이 전쟁이나 세계화에 반대하는 운동에 뛰어든 것이다.

당연히 그들은 체 게바라에게서 헌신적인 혁명가, 변화가 필요하다 — 그것도 머지않아 — 는 열정적 확신에 차 혁명에 뛰어든 사람을 본다. 그들은 게바라의 청년기에서 자신들의 청년기를 본다. 그러나 더 나아가 이상주의와 희망, 우리가 더 나은 세계를 만들 수 있고 만들어야 한다는 절대적 확신도 본다.

물론 새로운 운동이 위대한 혁명가들에게 배울 것은 많다. 그것은 그들의 업적에 국한되지 않는다. 월터 살레스 영화의 중요한 특징 가운데 하나는 게바라를 평범한 청년으로 보여 준다는 것이다. 즉, 보통의 욕구와 본능을 가진 청년이 사회의 불의와 제국주의의 폐해를 보면서 저항 정신을 갖게 되고 정치적으로 각성하는 과정을 보여 준다. 그리고 게바라는 슈퍼맨이 아니었기 때문에, 그 삶에는 실수들도 있고 잘못된 판단들도 있었다. 그런 실수와 오판에서도 우리는 많은 것을 배울 수 있다.

소수의 헌신적인 전위가 혁명을 일으켜야 한다는 것이 체 게바라의 신념이었지만, 오늘날의 저항 운동들은 대중 운동이다. 새로운 세계의 토대는 자신들의 집단적 힘이라고 생각하는 수만 명이 참가하는 그런 대중 운동 말이다. 게바라의 조직 방식은 세계를 변혁하는 투쟁으로 노동 대중 다수를 끌어들이는 방법이 아니었다. 그리고 "노동 계급의 해방은 노동 계급 자신의 행동이어야 한다"는 마르크스의 말에서 시작된 사회주의 전통과도 어긋난 것이었다. 물론 게바라 자신은 스스로 사회주의자라고 생각했지만 말이다.

게바라는 카스트로가 이끄는 쿠바 혁명 정부의 일원이었지만, 한 나라의 혁명이 국제적으로 확산되지 않으면 살아남을 수 없다고 점차 생각하게 됐다. 혁명이 확산되지 않으면 고립되고 질식사할 것이다. 내가 이 책에서 보여 주려 했듯이, 바로 그런 확신 때문에 게바라는 쿠바를 떠나 다른 곳에서 혁명을 조직하려 했다. 그가 또다시 선택한 조직 방식은 헌신적인 투사들의 소규모 조직만으로도 충분히 혁명을 일으킬 수 있다고 강조한 것이었다. 그 결과는 끔찍한 실패였다. 그러나 자본주의의 국제적 성격, 따라서 자본주의에 반대하는 투쟁의 국제적 성격을 강조한 것 — 게바라의 국제주의 — 은 그의 이미지에서 가장 고무적인 요소 가운데 하나다.

젊은이들이 게바라의 이미지를 애용하는 것은 혁명적 변화의 가능성에 대한 신념, 우리 운동이 국제적이라는 확신, 다시 말해 자신들의 혁명적 정신을 세계에 선언하는 것과 마찬가지다. 게바라가 살아있다면, 그런 젊은이들을 보며 고무받았을 것이고 모든 진정한 혁명가와 마찬가지로 다른 미래를 지향하는 새로운 운동의 성장을 우리와 함께 축하했을 것이다.

2005년 1월 글래스고에서
마이크 곤살레스

제1장
군중 속의 얼굴

　브라질의 무토지 농업노동자들은 유휴지를 점거할 때 두 가지 사진을 들고 다닌다. 하나는 1890년대에 국가에 맞서 싸웠던 카누두스 농촌 공동체의 지도자 사진이고, 다른 하나는 체 게바라 사진이다. 카라카스·부에노스아이레스·볼리비아·엘살바도르에서 국제 자본에 반대하는 시위가 벌어지면, 청년들은 체 게바라의 사진이 그려진 두건을 쓰고 나와 경찰을 공격한다. 유럽의 시위대는 게바라의 얼굴이 그려진 붉은색 티셔츠를 입고 다닌다.
　에르네스토 '체' 게바라는 젊어서 죽었다. 아르헨티나 출신의 이 의사는 조국을 떠나 쿠바 혁명에 가담했고, 볼리비아의 산골 마을에서 부상을 입어 테이블 위에 누워 있다가 살해당했다. 그 것은 1967년 10월, 에르네스토 게바라의 나이가 아직 마흔이 안 됐을 때였다.
　게바라가 1959년 혁명의 카리스마적 지도자로 알려져 있는 쿠바에서는 아바나의 혁명광장에 있는 관공서 벽면에 대형 게바라의 초상이 네온사인 불빛 아래 빛나고 있다. 그리고 포스터와 게시판 등에는 정부를 지지하라는 호소문 옆에 게바라의 사진이 등장한다. 쿠바의 여러 도시를 걷다 보면 공공장소들을 뒤덮고 있는 것은 혁명 이후 쿠바 정계를 지배해 온 사람—피델 카스트로—이 아니라 게바라의 모습이다.

완전히 새로운 요즘 세대는 게바라의 깊은 눈과 성긴 턱수염을 금방 알아본다. 또, 게바라의 유명한 사진이 박힌 티셔츠를 입거나 그런 사진이 새겨진 온갖 상품을 구입한다. 그러나 대부분의 경우에 그들은 쿠바 혁명에 대해 아는 바가 별로 없고 기억도 전혀 없다. 사실, 게바라의 자세한 생애는 별로 알려지지 않았다. 그러나 게바라의 얼굴이 상징적인 힘이 있으며 누구나 이해하고 인정할 수 있는 의미가 있다는 것에 대해서는 모종의 암묵적 동의가 있는 듯하다.

아바나의 관광 휴양지를 돌아다니며 공연하는 악단들이 공통으로 부르는 노래가 하나 있다. 카를로스 푸에블라의 게바라 찬가인 [체 게바라 사령관이여] '영원하라'(Hasta Siempre)라는 노래다.

> 당신이 떠난 뒤에 당신의 빈 자리가
> 더 크고 분명하게 느껴집니다, 체 게바라 사령관이여
> (Aquí se queda la clara, la entranable transparencia,
> De tu querida presencia, comandante Che Guevara)

찬가라는 말은 적절한 것 같다. 이 노래, 그리고 게바라를 기념하는 수많은 노래와 시는 다시 살아날 순교자의 언어, 부활의 언어를 공유하는 듯하다. 가장 유명한 사진 — 벌거벗은 몸통, 일그러진 얼굴, 깊고 검은 두 눈, 성긴 턱수염 — 은 그가 죽기 직전에 찍은 것이다. 그때 이후 수없이 복제됐을 그 사진은, 죽어 가는 그리스도의 모습을 담은 낯익은 그림처럼 돼 가는 듯하다.

그 기묘한 변형은 게바라의 한 측면을 뚜렷이 보여 준다. 즉, 그는 전설이 됐고 그의 이미지는 어떤 정서, 어떤 정신의 표현이 됐다는 것이다. 새로운 세대가 죽은 혁명가의 모습에서 찾아낸 것은 바로 그 혁명의 정신, 일종의 헌신성과 열정이다. 게바라의 생애, 역사적 경험, 실제 행동은 얼마간 뒤로 사라져 버렸다. 비록 대다수의 사람들이 게바라와 쿠바의 관계를 어느 정도 알고 있기는 하지만 말이다.

부패한 정치인들의 시대, 자신들의 지도자들과 대표들을 극소수 사람들만이 신뢰하는 시대에 — 조지 W 부시가 선거에서 다수의 지지를 받지 못하고도 집권할 수 있는[2000년 미국 대통령 선거 직접투표에서 부시가 고어에게 50만 표 뒤진 것을 말함] 시대에 — 고결함과 헌신성은 중요한 가치다. 반자본주의 운동의 영웅들 — 맬컴 엑스, 마틴 루터 킹, 체 게바라 — 을 보라. 그들의 공통점은 사심(私心) 없이 대의에 무조건 헌신한 점이다. 이 셋은 모두 젊어서 죽었고, 대중의 기억 속에 이상적이고 흠 없는 청년으로 남아 있다.

1989년에 무너진 베를린 장벽은 적어도 그때까지는 '사회주의'를 자처했던 동유럽 나라들의 끔찍한 현실을 밝히 드러냈다. 진보적인 수많은 사람들이 전에는 이 나라들을 사회주의로 가는 진보적 사회라고 생각했다. 어쨌든 이 사회들은 자기네 나라에는 자본의 사적 소유자들도 없고, 국가가 사회 전체의 이름으로 통치하며, 국민들은 자유와 높은 생활수준과 부(富)의 공정한 분배를 향유하고 있다고 주장했다. 어떤 사회주의자들은 이들 사회가 사회주의의 부패한 풍자화(諷刺畵)로서 그 지배 계급이 다수의 이익보다 자신들의 이익을 앞세우는 사회라고 늘 주장해 왔다. 그들은 이들 사회가 어떤 결함이 있는 사회주의 국가들이 아니라 국가를 통제하는 소수의 이익·필요·목적에 따라 **조직된** 사회라고 말했다.[1]

그러나 베를린 장벽이 무너졌을 때 대중의 눈에 비친 것은 여러모로 우리가 생각했던 것보다 훨씬 더 나쁜 것들이었다. 소수의 관료들이 대중을 공포의 도가니로 몰아넣고, 대중을 희생시켜 부(富)를 쌓았으며, 대중 스스로 삶을 통제할 수 없게 만들었던 것이다. 이것이 자유와 집단적 권력 사상을 바탕으로 하는 변혁관과 도대체 무슨 상관이 있겠는가? 그런 사회주의적 전망이 루마니아의 고아들, 동독의 비밀경찰인 슈타지(Stasi), 체첸인들이나 다른 소수 민족 박해와 무슨 공통점이 있는가?

문제는 이 모든 행위를 자칭 사회주의자, 때로는 혁명가들이 저질렀다는 사실이다.

이런 혼란과 실망의 안개를 헤치고 체 게바라의 모습이 전 세계에서 다시 나타났고 새 세대가 그것을 다시 발견했다. 멕시코 남부의 사파티스타 반군이 1994년 국제 자본에 대항하는 봉기를 선언했을 때, 그들이 두른 붉은 스카프에는 게바라의 모습이 그려져 있었다.[2] 1989년 카라카스 한복판에서 폭동을 일으킨 사람들도 게바라의 모습이 그려진 플래카드들을 들고 다녔으며, 5년 뒤 이탈리아에서 1기 베를루스코니 정부 반대 시위를 벌인 청년들도 마찬가지였다.

이 상징적 얼굴은 현실적 힘을 갖고 있다. 그것은 그 기원에서 유래한 분노와 확신의 표현일 뿐 아니라 그 얼굴 사진을 들고 다니는 사람들의 분노와 확신의 표현이기도 하다. 그것은 이라크와 팔레스타인에서 또다시 가면을 벗어던지고 그 무자비한 진면목을 드러낸 제국주의에 대한 분노의 표현이다. 그것은 또 불의·강탈·불평등이 없는 세계를 향한 혁명적 열망의 표현이기도 하다.

동시에, 그것은 부재(不在)의 표현이기도 하다. 즉, 여전히 해결되지 않은 문제들, 풀리지 않은 모순들의 상징이기도 하다. 다른 세계를 어떻게 만들 수 있을까? 국제 자본에 맞선 저항을 보여 준 사회 포럼들의 주제가 바로 이 '더 나은 세계'의 가능성과 절실함이었다.

이 절박하고 역사적인 문제들의 해답을 찾는 과정에서 신생 반자본주의 운동은 부패와 위선으로 얼룩진 과거의 경험들을 오직 의심의 눈초리로 바라볼 뿐이다. 그래서 진정한 혁명적 전통—사회주의와 자유는 분리할 수 없으며, 노동자 권력은 다른 누군가가 대리할 수 없고 오직 노동자들 스스로 행사할 수 있다고 항상 주장해 온 — 도 잿더미 속에 반쯤 묻혀 버렸다.

게바라의 상징 — 베레모, 별, 붉은 스카프 — 을 자세히 들여다보면 그것이 다른 혁명적 전통, 다른 사회 변혁 프로젝트를 요구하고 있음을 알 수 있다. 그 프로젝트는 이미 그 자체의 일반적 성격을 띠고 있다. 그것은 관대하고, 정직하며, 사심 없고, 낭만적이다. 그리고 젊다. 그 밖에도 우리 운동이 앞으로 나아가려 할 때 해결해야 할 문제들이 여전히 많다.

우리가 건설하고자 하는 미래가 어떤 것인지를 둘러싼 이 공개적이고 절박한 논쟁에서 체 게바라는 모종의 실천적·정치적 답을 줄 수 있다. 단, 우리가 게바라의 상징을 넘어서 그의 생애와 실제 정치 역정을 탐구한다면 말이다.

제2장
어린 시절

에르네스토 게바라는 1928년 6월 14일 아르헨티나에서 태어났다. 그가 두 살이 되기 전에 아르헨티나에서는 대통령 이폴리토 이리고옌이 통치한 15년 동안의 자유주의 공화국 시대가 끝나고 군부 통치가 시작됐다. 이리고옌 집권 시기에 아르헨티나 사회는 1880년대에 시작된 심각한 변화를 겪었다. 당시 아르헨티나는 유럽에 육류를 수출하고 공산품을 수입하는 경제였다. 그러나 대서양을 건너온 것은 공산품만이 아니었다. 사람들도 건너왔다. 이탈리아 북부, 스페인, 독일의 빈농과 실업노동자들이 값싼 여행 경비에 이끌려 성공을 기대하며 이주해 온 것이다.

거대한 항구도시 부에노스아이레스는 해외 무역을 통해 부유해졌지만, 프랑스 파리를 본뜬 거리가 펼쳐진 그 팽창하는 도시에서 이주민들은 환영받지 못했다. 그들은 라보카의 빈민가에 있는 원색의 목조 주택에 살았고 부두 근처에서 북적거렸다. 거기서 그들은 이탈리아어와 스페인어가 뒤섞인 룬파르도(lunfardo)

라는 이상한 언어를 사용했고 탱고를 즐겼다. 애인이 없는 노동 계급 청년들의 이 낯선 세계에서 유곽의 악단들이 연주한 육감적인 댄스 음악이 바로 탱고였다.

부에노스아이레스가 바뀌고 발전하면서, 대형 도살장들과 포장 공장들을 중심으로 노동 계급 운동이 성장했다. 새로운 노동자들 사이에서 아나키즘과 사회주의 사상이 널리 퍼졌다. 그리고 그 지도자들 다수가 최근 유럽에서 이주해 온 사람들인 것은 우연이 아니었다. 1916년에는 노동자들의 전투성이 고양됐고, 동시에 여전히 정치 생활에서 대부분 배제돼 있던 도시 중간 계급과 하층 중간 계급의 불만도 커지고 있었다. 왜냐하면 벨그라노 지구의 화려한 대저택에 사는 옛 지주 계급들이 여전히 아르헨티나 사회를 지배하고 있었기 때문이다.

모든 남성의 참정권이 보장된 그해에 이리고옌의 급진당이 집권했다. 급진당은 사회보장 제도와 다른 조치들을 도입했지만, 정부 밖에서는 다른 세력들이 결집하고 있었다. 1918년 코르도바 시에서 시작된 대학 개혁 운동이 고등교육의 민주화와 교육 내용의 변화를 요구하며 라틴아메리카 대륙 전체로 확산됐다. 새로운 교육은 독립적 국민국가 건설을 추구하고 독자적으로 역사를 다시 쓰는 등 새로운 방향을 모색하는 라틴아메리카의 현실을 반영해야 했다. 1년 뒤 노동 계급이 위대한 1919년 파업 운동의 역사적 중심지를 점거했다.

게바라가 태어날 무렵에는 초기의 그런 급진적 희망이 사라지고 있을 때였고, 이리고옌이 부자들을 만족시키려고 자신을 지지하는 노동 계급을 배신하는 일이 심심치 않게 벌어지고 있었다. 1930년이 되자 옛 세력들은 이제 반격에 나설 만큼 충분히 강력해졌다고 생각했다. 그해에 일어난 군사 쿠데타의 진정한 목적은 머지않아 드러났다. 1933년 새 정권은 영국과 무역 협정(로카-런시먼 협정)을 체결했고, 이 때문에 옛 경제 권력들이 되살아났다. 이것은 노동 계급의 분명한 패배였다.

게바라의 부모는 지방의 중간 계급이었다. 게바라는 자신의 집안이 아일랜드계 혈통과 식민지 지배 엘리트인 스페인계 혈통의 소수 특권 목축업자 가문 출신임을 인정했다. 게바라의 아버지는 그리 성공한 사업가는 아니었다. 그는 가족을 데리고 파라과이 접경 지역인 미시오네스에서 부에노스아이레스나 로사리오로 옮겨 다니며 이런저런 사업을 벌였지만 매번 실패했다. 사업이 실패할 때마다 좌절감이 집안을 짓눌렀던 것 같다.

어렸을 때 게바라는 천식에 걸렸다. 부에노스아이레스 시는 어린 소년이 견디기 힘든 곳이어서 그의 가족은 처음에는 코르도바 시로 이사했고 거기서 다시 알타그라시아로 이사했다.

어린 시절 내내 게바라는 천식에 시달리며 괴로워했다. 그의 학교 출석은 불규칙했고, 교육은 대부분 어머니가 맡았다. 게바라의 어머니는 위험한 일도 마다 않는 단호한 여성이었다. 어떤 전기 작가(카스타녜다)는 천식이 게바라의 성격에 결정적 영향을 미쳤다고 주장하지만, 이 점은 논쟁의 여지가 있다. 어린 시절 친구들과 친척들의 말을 들어 보면, 게바라가 고집 세고 때로는 무모한 아이였음은 분명하다. 예컨대, 럭비 경기를 할 때면 호흡기 때문에 자꾸 경기를 중단해야 했는데도 게바라는 결코 중간에 그만두지 않았다.

훗날 전설이 된 게바라의 특성들은 이미 소년 시절에 드러났다. 그의 용기, 보스 기질, 완고함, 경쟁심, 자기 절제. 이 모든 것은 알타그라시아의 어린 '게바리타'(Guevarita)에서 분명히 드러났다.[3]

그 시절 어린 게바라가 특별히 정치에 관심 있었다는 증거는 별로 없다. 그는 자기 자신에 대해 이렇게 말한 바 있다.

사춘기 시절에 나는 사회 문제에 관심이 없었고 아르헨티나의 학생 운동이나 정치 활동에 참가한 적도 없었다.[4]

그가 훨씬 더 매력을 느꼈던 것은 쥘 베른[현대 공상과학소설의 기초를 다지는 데 크게 기여한 프랑스 작가] 등의 모험 소설이었던 듯하다. 그리고 더 건강한 친구들과 겨룰 만한 신체적 능력과 재능을 입증하고 싶어 하는 여느 중간 계급 소년과 마찬가지로 일상의 관심사들에 더 매력을 느꼈던 것 같다. 그를 매료시킨 럭비는 단순한 운동 경기 이상이었다. 그것은 아르헨티나의 엘리트 청년 남성들이 남자다움을 훈련하는 과정이었다.

게바라의 가족이 딱히 정치 활동에 적극적인 것은 아니었지만, 그들은 분명히 세계적 사건들을 의식하고 있었다. 어머니는 자유분방하게 가정을 꾸려 나갔고, 흔히 작가나 화가에게 머물 곳을 제공했을 뿐 아니라 1937년 말에 게바라 집에 들른 스페인의 공화주의자 난민 가족 같은 방문객들에게 은신처를 제공하기도 했다. 아버지는 곤경에 처한 스페인공화국을 지지하고 후원금을 모으는 조직에 훨씬 더 깊숙이 개입했다. 게바라의 부모가 정치적으로는 자유당을 지지했지만, 파시즘에 반대했고 전 세계의 수많은 사람들과 마찬가지로 스페인에서 파시즘이 승리하면 민주주의에 재앙이 닥칠 것이라고 우려했다.

(갓 열 살이 된) 게바라는 이 낯선 스페인 사람들이 방문한 이유를 분명히 알고 있었을 것이다. 그렇다 하더라도 그가 모종의 조숙한 혁명가였다는 증거는 전혀 없다. 이런 정치적 문제들보다 더 중요한 것은 아마 게바라 가족이 속한 사회 계급의 문제였을 것이다.

아버지의 사업이 잠시 성공했다가 이내 실패하곤 했지만, 게바라 집안은 스페인과 아일랜드 명문가의 후예를 자처하는 중간 계급 가정이었다. 비록 게바라 가족은 불안정하고 어려운 생활을 하곤 했지만, 수도[부에노스아이레스]에 사는 친척들은 꽤 유복한 삶을 살았다. 그렇지만 게바라가 어린 시절이 곤궁했다고 말한 적은 없다. 그가 혁명가가 된 것은 그 자신이 가난을 경험했기 때문은 아니었다.

그러나 아주 중요한 몇 가지 점에서 게바라의 청소년기는 그의 심리뿐 아니라 정치를 형성하는 데도 중요한 영향을 미쳤다. 그가 정치를 의식했든 안 했든— 게바라가 특별히 정치에 관심이 있었던 것은 아님이 분명하다—주변 사건들이 어린 게바라에게 결정적 영향을 미쳤다. 물론 그는 아르헨티나인이었기 때문에 유럽의 청소년들과 달리 제2차세계대전의 경험에서 결정적 영향을 받지는 않았다. 그러나 제2차세계대전은 분명히 아르헨티나 국내 사건들에 영향을 미쳤다.

여전히 반파시스트 서클들에서 활동하던 게바라의 아버지는 독일계 아르헨티나인들 일부가 친(親)나치 활동을 벌이고 있다고 확신했다.[5] 또 아르헨티나의 일부 군인들, 특히 후안 도밍고 페론처럼 1930년대에 무솔리니 치하의 이탈리아를 방문한 적이 있는 군인들은 추축국에 공감하는 태도를 노골적으로 드러내기도 했다. 게바라의 아버지는 코르도바 지방에서 비밀 나치 세포들을 추적한 정탐 활동들을 기억하고 있었다.[6] 그는 아들에게 모종의 반파시스트 의식을 심어주려 했지만, 게바라의 친구들에게 히틀러와 무솔리니는 병정놀이에 가끔 등장하는 인물들이었을 뿐이다.

제2차세계대전이 터질 무렵 집권한 아르헨티나 군사 정권는 자국산(産) 쇠고기와 밀을 수입하는 유럽 시장의 운명에 관심이 더 많았을 것이다. 역사적으로 아르헨티나의 가장 중요한 고객이었던 영국은 이제 대서양 남부에서 독일의 잠수함 공격에 시달렸다. 유럽의 나머지 지역은 연합국의 봉쇄 때문에 접근할 수 없었고, 미국은 새로운 시장을 찾으려는 아르헨티나의 노력에 별 반응을 보이지 않았다. 1940년에 집권한 카스티요의 군사 정권는 히틀러-무솔리니 추축에 약간 공감하는 태도를 취했다.[7] 그러나 권위주의적인 민족주의 정부가 옛 제국주의 강대국인 영국에 중립적 태도를 취할 필요가 없다는 이데올로기적 이유도 있었다. 다른 어떤 고려 사항보다도 국익 보호가 우선이었다. 사실, 아르헨티나는 주요 수출품—육류와 밀—을 서로 싸우는 양측 군대에게 판매할 수 있었다. 전쟁은 좋은 돈벌이 기회였던 것이다.

아버지가 별 볼일 없는 사업을 계속하던 1943년에 게바라 가족은 코르도바 시로 이사했다. 한편, 수도 부에노스아이레스에서는 정치 무대가 바뀌고 있었다. 카스티요가 후계자로 지명한 사람은 영국 자본과 연계됐다고 알려져 있었다. 그 후계자가 연합국을 지지한다고 선언한 뒤 참전할 것이라는 의혹이 커졌다. 그런 의혹을 제기한 사람들 중에는 소장파 민족주의자 군 장교들—통일장교단(GOU)—도 있었는데, 옛 제국주의 강대국에 대한 그들의 적대감은 이탈리아의 무솔리니에 대한 칭송과 맞물려 있었다. 게바라 가족이 코르도바로 이사한 직후에 GOU의 영향을 받은 일부 군인들이 쿠데타를 일으켜 카스티요를 타도했다.

비상사태가 선포됐고, 모든 정치 활동이 금지됐으며, 학생 시위는 분쇄됐다. 게바라는 경찰과 충돌하게 된 어떤 거리 시위에 우연히 참가한 적은 있지만, 대체로 이런 변화들에 무관심했다(전혀 영향을 안 받지는 않았겠지만). 그러나 게바라의 친한 친구 알베르토 그라나도는 시위 도중 체포돼 투옥되기도 했다.

게바라의 나중 행적을 생각하면, 그가 일찍이 정치적으로 각성한 조짐들을 찾는 것은 사소한 일이다. 그러나 이 청년을 좌우한 것이 그의 계급 배경이었음은 분명하다. 게바라가 돌을 던지는 아이들에게서 어떤 신체장애자 거지를 구하려 한 유명한 얘기는 게바라의 너그러움을 잘 보여 준다. 그러나 그 거지가 게바라에게 욕을 한 것을 보면, 우리는 게바라가 자신의 계급적 특징을 얼마나 분명하게 지니고 있었는지 알 수 있다. 이것이 게바라의 정치적 발전에 장애물이 되지는 않았다. 오히려 그것은 게바라가 결국 혁명가가 되기 위해 의식의 변화를 얼마나 크게 겪었는지 잘 보여 준다.

제2차세계대전이 끝나기 몇 달 전인 1945년 초에 아르헨티나 정부는 연합국을 지지한다고 선언했다. 그것은 아마 사태의 향방을 깨달은 결과일 것이다. 그러나 아르헨티나가 많은 나치 지도자들의 피난처였다는 사실은 아르헨티나 집권층이 반파시즘에 별로 진지하게 공감하지 않았음을 보여 준다. 그리고 그 전 2년 동안 후안 도밍고 페론이 이끄는 소장파 민족주의 장교 집단이 배후에서 사태를 좌우해 왔다. 페론은 자신을 후원해 주던 육군 장관이 부통령이 되자 그에게 자신을 노동부 장관으로 옮겨 달라고 요청했다. 그것은 매우 영리한 결정이었다. 노동부 장관 재직 시절 페론은 노동부를 강력한 부서로 변모시켜 장차 자신의 정치적 야망을 달성하는 데 필요한 대중적 지지 기반을 구축했다. 그는 1945년 10월 플레이트 강의 섬에 있는 감옥에 잠시 투옥됐으나, 노동자들이 그의 석방을 요구하며 대규모 시위를 벌여 풀려날 수 있었다. 그는 부에노스아이레스로 돌아와 대통령궁—카사 로사다, 즉 핑크 하우스—의 발코니에서 군중에게 연설했다. 1년이 채 안 돼 페론은 아르헨티나의 대통령이 됐다.

후안 도밍고 페론의 정치를 규명하려는 저작은 수없이 많았다. 페론주의를 분석하려는 많은 시도들이 그다지 설득력이 없었다면, 그것은 페론의 가장 유명한 대변인—부인 에비타—의 성격과 마찬가지로 후안 페론의 정치가 종잡을 수 없고 모순적이었기 때문일 것이다.[8] 페론은 서로 다른 사회 계층을 대변한다고 자처한 포퓰리스트였다. 그는 각 계층의 요구를 완전히 기회주의적으로 대변했다. 그러나 부인할 수 없는 사실은 그의 석방을 요구하고 수도 한복판의 5월광장에서 그를 맞이한 대규모 시위대의 압도 다수가 노동 계급이었다는 것이다.(십중팔구 게바라도 대규모 10월 시위에 참가했을 텐데, 그것은 아마 우연이었을 것이다.) 그러나 모든 노동 계급이 페론의 지지 기반은 아니었다. 페론의 지지 기반은 시골이나 지방 중소 도시에서 갓 올라온 새로운 노동자들이었다. 그들은 성장하는 산업들의 일자리를 찾아 수도로 몰려들었다. 아르헨티나 노동조합 운동이 강력했지만, 그들은 대체로 노동조합으로 조직되지 않은 노동자들이었다.

  그들과 똑같은 세계에서 살았던 에비타는 그들과 같은 말투를 사용했고 그들의 요구를 이해한다고 주장할 수 있었다. 페론은 에비타가 자신을 대변하도록 내버려 두었다. 그렇게 함으로써 이른바 '셔츠를 입지 않은 사람들'—데스카미사도스(descamisados)—의 충성심을 확보할 수 있었다. 그들이 페론의 대중적 기반이었다. 페론이 노동부 장관 재직 시절 도입한 많은 복지 조치들은 그들에게 이로운 것이었다. 그리고 페론이 다른 계층의 지지를 받은 것도 사실이다. 영국의 영향력에 반대한 기업인 집단과 일부 우파 민족주의자들이 특히 그랬다. 1946년 대통령 선거에서 페론에 반대한 세력은 마찬가지로 광범하고 혼란스런 연합, 즉 민주연합이었다. 민주연합은 사회주의자들과 공산당원들뿐 아니라 일부 기업인들한테도 지지를 받았다.

아르헨티나 공산당의 관점에서 보면, 페론은 노동부 장관이라는 직위를 이용해 기존의 노동조합 — 대부분 공산당이 주도하고 있었던 — 에 도전하는 새로운 조직들을 건설했다. 또, 공산당은 소련과 소련의 국제적 이해관계에 충실했기 때문에 제2차세계대전 당시 페론이 독일-이탈리아 추축을 노골적으로 지지한 것이 핵심 문제라고 생각했다. 그래서 그들은 페론이 사실 나치인데도 아닌 척한다고 끈질기게 비난했다.[9] 그러나 전시에 페론이 동요했던 것 때문에 그런 얘기가 생겨났을 수는 있지만, 수많은 노동자들은 페론이 노동자들의 이익을 옹호하는 사람이라고 생각했다. 페론이 때때로 노동쟁의에 개입해 고용주들에 맞서 노동자들을 지지했기 때문이다. 그가 그렇게 한 것은 노동조합을 국가와 결탁시키고 노동조합을 자신에게 유리한 정치적 도구로 변모시키려는 실용적 이유 때문이었음은 분명하다. 그가 1940년대 말에 옛 노동조합들을 배신했을 때, 바로 그런 영향력이 주요 무기가 됐다. 그리고 그런 영향력은 10년 뒤 그가 권좌에서 쫓겨난 뒤에도 여전히 남아 있었다.

그러나 게바라 부모에게 페론은 악마의 화신이었다. 게바라 어머니와 공산당의 정치적 연계나 공감대가 그리 대단한 것은 아니었지만, 어쨌든 공산당에 공감하고 있었다. 그의 아버지는 광범한 반파시스트 조직인 '행동 아르헨티나'에 참가하고 있었다. 공산당은 페론에 적대적 태도를 취한 결과 얼마 못 가 조직 노동자들 사이에서 지지 기반을 많이 잃어버렸다. 어쨌든 공산당은 페론을 가차없이 비판한 미국 정부, 제국주의를 편들었고 모든 아르헨티나인, 특히 아르헨티나 빈민들을 대변한다고 자처하는 사람[페론]에 맞서 옛 지주 계급과 자본가 계급을 편들었다.

게바라는 코르도바에서 고등학교를 다니기 시작했고, 스포츠·성(性)·모험에 관심을 가지며 신체적 약점을 극복하려 애썼다. 게바라와 그의 절친한 친구 알베르토 그라나도는 과학에 대한 관심을 공유했고, 위대한 철학자들의 책에 나오는 말을 주고받았으며, 엔지니어로 출세하는 것이 좋다는 데 동의했다. 1948년 게바라의 부모는 부에노스아이레스로 이사했다. 당시 그들의 결혼 생활은 거의 파탄 지경이었지만 말이다. 게바라는 코르도바에 남아 있었지만, 끔찍이도 사랑했던 할머니가 위독하다는 말을 듣자 부에노스아이레스로 서둘러 달려갔다. 게바라 전기 작가들은 대부분 게바라가 의사가 되기로 결심한 것이 할머니의 죽음을 슬퍼한 데서 나온 개인적 반응이었다는 데 동의한다. 그보다는 덜 알려져 있지만, 어머니가 유방암 때문에 유방 절제 수술을 받은 것도 한 계기였다. 게바라는 가족 생활에서 항상 중요한 존재였던 어머니 셀리아를 무척 좋아했다.

19살이 된 게바라는 징집 대상자였으나 천식 때문에 병역을 피할 수 있었다. 그는 또 의과대학생이 됐지만, 연애 문제에 더 관심이 많은 청년이었다. 또 철학, 정치, 역사, 심리분석, 라틴아메리카 문학 관련 서적 등을 밤새워 가며 읽었다. 그래서 첫 번째 진지한 연애조차 아르헨티나와 라틴아메리카 전역을 오토바이로 여행하려는 게바라의 열망을 막을 수 없었다. 당시는 아르헨티나의 정치적 격변기였다. 그러나 청년 게바라가 분명한 자기 견해를 갖고 있었고 중요하다고 생각한 문제들에 대해 열정적인 연설을 할 각오가 돼 있기는 했지만, 그가 정치의식을 발전시키고 있었다는 조짐은 거의 없다. 게바라의 누이 아나 마리아에 따르면,

> 게바라가 페론에 대해 이런저런 태도를 취한 적은 없다. 그는, 말하자면, 방관자였다. …… 적어도 나에게 정치를 말한 적은 한 번도 없었다.[10]

가족뿐 아니라 대학 친구들과 개인적으로 만나면서 그는 페론에 격렬하게 반대하고 있던 급진당이나 공산당에 가까워졌다. 가끔 여성 노동자들과의 연애 경험을 제외하면, 게바라가 노동자들과 가깝게 지냈다는 증거는 거의 없다. 그랬다면 다른 사회 계층이 페론주의를 어떻게 해석하는지 약간 달리 생각하게 됐을 텐데 말이다.

따라서 초기 여행들을 준비할 때의 게바라는 모험에 관심 많은 부지런한 청년이었다는 것이 가장 정확한 묘사인 듯하다. 게바라가 죽은 뒤 그의 이미지가 중요해지고 널리 확산되자, 전기 작가들과 회고록 저자들은 아르헨티나 중간 계급 청년의 삶에서

그때까지 알려지지 않은 혁명적 인식의 씨앗을 찾는 일에 몰두했다. 그런 암시와 조짐은 대부분 날조된 것이다. 게바라가 개인적 비극에 몹시 가슴 아파하고, 사랑을 주고받으며, 삶을 즐기고 청년의 활력과 자신감이 넘치는 한 인간이었음을 시사하는 증거들은 분명히 있다. 의대 2학년이 된 게바라가 알베르토와 함께 나환자 수용소를 방문해서 보인 반응은 인간적 연민이었다.

그러나 청년 게바라는 마르크스주의자가 아니었고 혁명가도 아니었다. 불의한 사회 현실은 아직 그의 의식에 직접 또는 즉시 영향을 미치지 않았다. 그것은 나중 일이었다. 변혁이 가능하다는 생각, 사회 집단들의 의식적인 노력으로 다른 세계를 건설할 수 있다는 생각은 아직 그에게 설득력 있게 받아들여지지 않았다. 이 점은 사태 전개의 영향으로 바뀌게 되지만, 게바라의 정치적 각성 과정에서 그가 의식했든 못 했든, 그의 인식과 반응은 초기 경험에서 영향을 받았다.

페론주의는 노동 계급 대중을 동원했지만, 그것은 민중의 대의에 대한 헌신성이 엷고 일시적인 듯한 권위주의적 인물을 지지하는 것이었다. 어쨌든, 청년 게바라와 정치를 논한 사람들이 어떻게든 페론을 옹호하지는 않았던 것 같다. 오히려, 그들은 페론을 불신하고 있었다. 반면에, 진정한 혁명적 전통의 옹호자를 자처했던 게바라 주변 사람들 — 공산당원들과 사회주의자들 — 은 당시 아르헨티나에서 보잘것없는 집단이었다. 그들은 완고했고 부패했으며 교활했고 무원칙했다. 그들이 동맹을 맺으려 했던 자들은, 그들의 논리대로라면, 그들이 대변한다고 자처하던 계급의 적이었다.

게바라가 훨씬 나중에 혁명적 전통을 탐구하게 됐을 때, 혁명적 전통에 대한 그의 해석은 노동 계급이 사회 변혁의 주체라는 생각을 결정적으로 배제한 것이었다.

제3장
모터사이클 다이어리

1950년 1월과 2월 오랜 여름 휴가 기간에 가족이 마르델플라타로 이사한 뒤 게바라는 혼자서 여행을 시작했다. 그 여행에는 생각보다 많은 체력·용기·결단이 필요했다. 그것은 아르헨티나 북부 12개 주(州)를 가로질러 4천 킬로미터 이상 순회하는 여행이었다. 그 여행은 게바라에게 흔적을 남겨 놓았다.[11]

게바라의 아버지는 게바라가 어렸을 때 가족이 잠시 살았던 파라과이의 열대 지방에 항상 매력을 느껴 왔다. 그러나 아르헨티나 북쪽과 남쪽에도 대다수 도시 주민들이 거의 상상할 수 없는 또 다른 아르헨티나가 드넓게 펼쳐져 있었다. 게바라는 북쪽을 여행하기로 결정했다. 그곳은 그때까지 게바라가 알고 있던, 도시화되고, 유럽적인, 백인들의 아르헨티나가 아니었다. 그곳 산악 지대의 가난하고 고립된 주민들은 유럽보다는 안데스 고지대 원주민의 전통과 역사에 더 가까운 사람들인 반면, 부에노스아이레스 주민들은 대부분 유럽계였다. 그 지역, 특히 살타 지방은 나중에 게바라의 삶에서 중요해진 지역이었다.

많은 점에서 현대 아르헨티나의 역사는 플레이트 강변의 도시 — 항상 유럽과 연결된 — 와 다양한 풍경의 광대한 내륙 지대 — 자연적으로 라틴아메리카와 연결된 — 사이의 투쟁의 역사였다. 19세기 말 그 투쟁이 끝났을 때, 부에노스아이레스에 집중된 해외 무역이 아르헨티나의 미래를 좌우하게 됐다. 그리고 부에노스아이레스는 점점 더 라틴아메리카의 수도가 아니라 유럽의 전진기지로 여겨지게 됐다.

1950년 1월 여행을 시작한 게바라의 정신을 타이보는 '라이디스모'(raidismo) — 지평선 너머로 끝없이 이어진 루트 66[미국 최초의 대륙횡단 도로]을 찾아 떠나는 신화적 여정 — 라고 불렀다. 게바라의 말(馬) 노릇을 한 고물 오토바이는 대부분 게바라가 직접 조립한 것이었다.[12] 그 여행은 6주 동안 계속됐다. 게바라는 친구 알베르토가 있는 나환자 수용소에 잠시 들렀을 뿐, 다른 라틴아메리카 원주민들이 사는 자연 상태의 산악 지대를 향해 계속 북쪽으로 이동했다. 그 여행에는 흥미로운 사건이 있었다.

> 내 마음속에서 오랫동안 커져왔던 뭔가가 …… 이제 성숙했음을 깨달았다. 그것은 문명에 대한 증오, 즉 평화와는 전혀 거리가 먼 듯한 엄청난 소음의 리듬에 따라 사람들이 미친 듯이 움직이는 터무니없는 모습에 대한 증오였다.[13]

이것은 한 혁명가의 선언이 아니라 세계를 정말 알고 싶어 하는 열혈 청년의 선언이다. 에르네스토 게바라를 움직인 것은 19세기 아르헨티나의 위대한 시인이 "지평선에 대한 열망"이라고 묘사한 것이었다. 그러나 때묻지 않은 자연에 대한 낭만적 꿈은 머지않아 가혹한 현실 — 아름답지만 냉혹한 땅에 사는 농민들의 삶 — 에 대한 깨달음으로 바뀌게 된다.

6주 동안의 여행을 끝내고 부에노스아이레스의 의과대학으로 돌아온 게바라는 특별히 뛰어난 성적은 아니었지만 시험을 통과했고 신규 특허를 얻은 살충제 발명을 포함해 돈벌이가 되는 몇 가지 일에 몰두했다. 그 살충제는 실용적이지 않은 것으로 드러났고, 다른 계획들도 그다지 신통하지 않았다. 10월에 그는 진지한 연애를 시작했지만, 여자 친구 치치나 페레이라가 금방 알아챘듯이, 어떤 것도 게바라의 모험심을 막을 수 없었다.[14] 그는 이미 알베르토와 더 야심 찬 다음 여행 계획을 세우고 있었다.

그 여행은 1951년 10월에 시작됐다. 게바라와 알베르토는 라 포데로사 — '발전소' — 라고 이름 붙인 5백cc 오토바이를 타고 칠레를 향해 출발했다. <모터싸이클 다이어리>는 그들이 2개월 동안 했던 여행을 묘사하고 있다. 처음에 그들은 칠레의 수도 산티아고로 갔고, 거기서 오토바이를 처분한 뒤 걷거나 차를 얻어 타고 칠레 북부를 지나 페루로 갔다가 마지막으로 베네수엘라까지 갔다.

한 전기 작가는 이 여행을 "게바라의 아메리카 발견기"라고 묘사했다.[15] 그 일기는 여행 중인 한 청년의 연대기이기도 하지만—여러 도시를 전전하며 웃고 떠들고, 연애하고, 위험을 무릅쓰고, 사기 치고, 갖가지 풍경에 매료되는—점차 발전하는 의식의 기록이기도 하다. 부에노스아이레스와 코르도바에서 그곳까지의 여행은 물리적 거리를 여행하는 것 이상의 의미가 있었다. 그것은 라틴아메리카와의 만남이기도 했고, 대안적 과거와의 만남이기도 했으며, 그 다른 역사를 뚜렷이 간직한 민중의 오랜 저항과의 만남이기도 했다.

그 여행에는 특별히 중요한 만남들이 있었다. 예컨대, 칠레 북부에서 게바라와 알베르토는 거대한 구리 광산을 보았다. 그 광산은 독특하고 멋진 사막의 풍경에서 눈에 확 띄었고, 먼지투성이의 난폭한 기계들은 게걸스런 입처럼 돌덩어리들을 집어삼키고 있었다. 이것은 칠레의 부(富)와 외화(外貨)의 주요 원천이었다. 그러나 당시 그 부는 모두 케네컷과 아나콘다 같은 외국 다국적기업들이 가져가고 있었다. 그 기업들은 칠레의 구리를 가져다가 자신들이 지배하는 외국 시장과 거래소에서 사고 팔았다.

당시를 기록한 게바라의 일기 내용은 이렇다 할 특징이 없다. 비록 그가 그 광산이 광부 수천 명의 무덤이라는 사실을 알고 있었지만 말이다. 거기서 게바라는 공산당원 출신 광부를 만나 그를 존경하게 됐지만, 그 만남을 통해 게바라가 모든 것을 분명히 깨달았다고 주장—그것이 마치 게바라의 다마스쿠스행(行)[바울로가 다마스쿠스로 가는 길에서 예수의 환상을 보고 그리스도교로 개종한 일을 빗댄 것]인 것처럼—하는 것은 지나친 상상이다.[16] 게바라의 논평은 재미있고 사색적이다. 그러나 그것은 단순한 관찰자의 말이기도 하다. 즉, 호기심은 많지만 비교적 한가한 어떤 여행자가 처음으로 이 세계를 기록한 것이다.

반면에, 페루에서는 감정적 충격을 크게 받은 듯하다. 게바라와 알베르토가 볼리비아의 국경을 넘어 페루로 들어갔을 때, 게바라는 길가에서 만난 페루 원주민들을 보고 당혹스러웠다고 쓰고 있다. 그들은 억압받고, 두려움에 떠는, 차별받는 사람들이었다. 그러나 게바라를 정말로 압도한 것은, 안데스 고지대의 쿠스코보다 더 높은 해발 1만 7천 피트[약 5천1백80미터]의 경이로운 산악 도시 마추픽추의 광경이었던 듯하다. 잉카 제국 말기 스페인 정복자들에 맞선 저항의 현장 마추픽추는 잉카 제국이 패배한 뒤 버려졌고 20세기 초에 하버드대학교의 고고학자가 발굴하기 전까지는 잊혀진 도시였다. 마추픽추의 거대한 사원들과 계단식 대지는 안데스 산맥과 비슷하다. 그 옛날 스페인 사람들은 마추픽추의 벽들을 파괴하려 했지만, 너무 견고해서 그럴 수 없다는 것을 깨달았을 뿐이다.

게바라가 어떤 사원의 문 아래 서서 찍은 사진이 하나 있다. 그는 마추픽추의 건축물과 그 위용에 완전히 넋을 잃어 버렸다. 바로 그때 게바라는 콜럼버스 이전의 위대한 제국들의 현실을 분명히 느꼈을 것이다. 즉, 눈에 보이지는 않지만 묵살당하고 억압받는 다른 아메리카 말이다. 그의 일기 어느 부분을 보면, 스페인과 북아메리카[미국] 같은 외국 제국들의 파괴적 구실과 아메리카 원주민들의 힘에 대한 이야기가 나온다. 어쨌든 아르헨티나의 도시 출신인 게바라가 그 세계에 대해 아는 것은 여느 유럽인들과 마찬가지로 아주 제한적이었다.

　게바라와 알베르토의 여행은 아마존까지 계속됐고, 거기서 그들은 나환자 수용소에 잠시 머물렀다. 게바라는 밀림의 생활 조건에서 천식과 싸우느라 애를 먹었고, 그 뒤 베네수엘라와 마이애미를 거쳐 집으로 돌아왔다. 그 여행에서 게바라는 많은 것을 배웠다. 라틴아메리카인이라는 것이 무엇을 의미하는지 알게 됐다. 이 때문에 그는 잠시도 쉬지 않으려 했고, 지적 욕구와 호기심도 매우 많아졌다. 나환자 수용소에서 목격한 것에 대한 그의 태도를 보면 그가 인간적인 사람이고 관대한 정신의 소유자라는 사실을 알 수 있다. 아마 이런 것들은 혁명가가 될 사람의 전제조건일 것이다. 그러나 그것들만으로는 충분하지 않다. 물론 혁명가들에게는 사회적 불의에 대한 심오한 의식도 있어야 하지만, 다른 세계에 대한 비전도 있어야 하고 어떤 계급의 이익과 가치가 그 다른 세계를 좌우할 것인지, 그 계급이 낡은 질서를 전복하고 새 질서를 수립하기 위해 어떻게 조직할 수 있는지 등도 분명히 알고 있어야 한다.

　게바라는 아르헨티나에 돌아오자마자 다시 여행을 떠나고 싶었지만, 가족의 압력에 못 이겨 마지막 시험을 치르기로 동의했다.

　그는 시험을 통과하기 위해 제출해야 하는 15개의 논문을 준비하면서 부에노스아이레스의 국립도서관에서 밤낮없이 열심히 공부했다. 1953년 4월 마이애미에서 돌아온 지 6개월이 조금 지나서 게바라는 부모에게 전화를 걸어 이제 의사가 됐다고 말했다. 그리고 두 번째 라틴아메리카 여행을 준비하고 있다는 것도 밝혔다. 어머니 셀리아는 슬퍼하며 이렇게 말했다고 한다. "다시는 게바라를 볼 수 없겠구나. 분명히 그럴 거야. 나는 알아." 몇 년 뒤 어머니는 다시 아들을 만나게 되지만, 그때는 상황이 엄청나게 달라져 있었다.

1953년 7월 7일 부에노스아이레스의 레티로 기차역에는 비가 내리고 있었다. 게바라와 그의 어릴 적 친구 카를로스 칼리카 페레르는 기차에 올라 자리를 잡은 뒤 셀리아에게 손을 흔들며 작별 인사를 했다. 기차가 플랫폼을 빠져나갈 때 게바라가 소리쳤다. "저는 라틴아메리카의 병사가 될 거예요." 그 말은 우연히도 예언이 돼 버렸다. 그러나 그 단계에서 게바라의 유일한 계획은 알베르토를 다시 만나 아마존의 나환자 수용소로 돌아가는 것뿐이었다.

3천 킬로미터를 여행한 끝에 게바라와 페레르는 볼리비아의 수도 라파스에 도착했다. 당시 볼리비아의 상황은 심상치 않았다. 겨우 1년여 전에 볼리비아 노총(COB), 특히 광부노조가 주도한 혁명이 일어나 새로운 민족주의 정부가 들어섰다. 게바라가 라파스에 도착했을 때는 혁명이 얼마나 멀리, 그리고 어느 방향으로 나아가야 하느냐를 둘러싸고 논쟁이 벌어지고 있었다. 그 논쟁의 핵심은 볼리비아의 부(富) — 특히 주석 — 를 국유화할 것인가 말 것인가, 그리고 거기서 나오는 이윤을 이용해 안데스 고지대의 아이마라족(族) 광부들 — 끔찍하게 착취당하던 — 과 빈민들의 생활수준을 높이기 시작할 것인가 말 것인가였다. 물론 비극적 아이러니는 볼리비아의 귀중한 주석 광산을 소유한 부자 두세 명이 엄청나게 많은 돈을 긁어모은 것 — 그리고 그들의 막대한 이윤을 유럽과 북아메리카에 투자한 것 — 이다. 예컨대, 볼리비아의 최고 부자이자 주석 재벌인 시몬 파티뇨는 P&O 해운 회사들을 소유하고 있었고, 파리·마드리드 등지에 대저택을 갖고 있었을 뿐 아니라 뉴욕의 월도프 아스토리아 호텔 스위트룸에서 살았다. 마침내 혁명이 일어났을 때, 광산은 거의 고갈돼 있었다. 그러나 파티뇨는 50년 동안 볼리비아 노동자들을 잔혹하게 착취해서 번 돈을 결코 되돌려 주지 않았다.[17]

해발 1만 피트[약 3천 미터]에 위치한 광산, 아름답지만 혹독한 안데스 산악지대의 생활 조건을 상상해 보라. 광산에는 항상 살을 에는 싸늘한 바람이 불고 먼지가 끊임없이 휘날린다. 광부들은 산기슭의 마을들에서 극심한 빈곤에 시달리며 살아간다. 그들은 계속 싸워 왔지만 얻은 것은 거의 없었다. 장기간의 처절한 파업은 늘 광부들의 목숨을 앗아갔고 곧 탄압이 뒤따랐다.

1952년 혁명은 어떤 점에서 역사의 복수였다. 또는 역사의 복수여야 했다. 그러나 노동자 운동의 지도자들은 민족주의 정치인들과 일련의 동맹을 맺기 시작했다. 그 정치인들은 볼리비아 노동자들의 이해와 요구를 혁명 과정과 분리시켰다. 15년 뒤 게바라가 사뭇 다른 상황에서 볼리비아로 돌아왔을 때도, 광부들은 여전히 싸우고 있었다.

그러나 게바라는 1953년 볼리비아에서 긴장이 고조되는 것을 보면서도 여전히 (아버지에게 보낸 편지에서) 자신을 "중립적 구경꾼"으로 묘사했다. 그는 주변 상황에 흥미를 느낀 예리한 관찰자였지만, 정치 관련 이야기뿐 아니라 자신의 연애담이나 난해한 채광공학 용어들을 길게 늘어놓기도 했다. 아르헨티나에 있는 친구 티타 인판테에게 보낸 편지에서 그는 정치적 상황—반혁명이 임박했다는 소문이 떠도는 불안정한 세력 균형—을 묘사했다.[18] 그리고 농업부에서 차례를 기다리며 대기하는 원주민들을 대하는 [관리들의] 오만하고 인종 차별적인 태도에 분노했다.

그는 많은 것을 목격하고 흥미를 느끼고 호기심을 품었지만, 여전히 어느 정도 거리를 두었다. 최근 출간된 그의 두 번째 여행 일기를 보면, 게바라가 자신의 여행에서 가장 중요한 정치적 사건 가운데 하나(기로에 선 볼리비아 혁명)를 논하는 데 그다지 많은 시간을 들이지 않은 것을 알 수 있다. 오히려 전에 한 번 다녀왔던 페루의 장엄한 잉카 유적까지 여행을 계속하고 싶어 안달이 난 듯하다.

안데스 고원에 오른 게바라와 카를로스는 티티카카 호(湖)에서 배를 타고 볼리비아-페루 국경을 넘어 춥고 황량한 도시 푸노에 도착했다. 그들은 그곳 세관에서 책 두 권(볼리비아 정부 출판물과 ≪소련 사람≫)을 압수당하고 풀려났다. 그 뒤 게바라가 첫 번째 여행에서 완전히 매료됐던 잉카 제국의 수도 쿠스코로 갔다. 거기서 다시 페루의 수도 리마로 가서 게바라는 공산당원 의사 우고 페세와 재회했다. 게바라는 ≪게릴라전≫에 쓴 '감사의 말'에서 페세 덕분에 "인생과 사회에 대한 내 태도가 크게 바뀌었다"고 말한 바 있다.

여행은 계속됐고, 두 사람은 중앙아메리카의 과테말라로 가기로 결정했다. 과테말라 방문은 게바라의 인생에서 전환점이 된다. 과테말라도 사회적 격변이 한창 진행 중이었다. 나중에 전기 작가들과 논평가들은 게바라가 과테말라행을 결심한 이유가 그 때문이라고 시사했다. 즉, 혁명을 찾아서 과테말라로 갔다는 것이다. 그러나 그런 주장을 뒷받침할 증거는 없다. 당시 그것은 게바라의 여행에서 또 다른 국면이었을 뿐이다. 그러나 과테말라 여행이 나중에 사뭇 다른 의미와 사뭇 다른 목적을 띠게 되는 것은 분명하다.

제4장
바나나 공화국

과테말라로 가기 전의 아르헨티나 여행은 중요했지만 거기에는 감정적·문화적 의미만 있었다. 그러나 에르네스토 체 게바라는 [과테말라에서] 진정한 정치적 통과 의례를 경험하게 된다. …… 분명히 게바라는 이미 무거운 이데올로기의 짐을 담은 낡은 배낭을 매고 과테말라에 왔지만, 떠날 때는 사상·호감·증오·결단으로 가득 찬 트렁크[여행용 큰 가방]를 들고 가게 된다.[19]

또 다른 전기 작가는 약간 다르게 설명한다.

과테말라에 도착했을 때 게바라는 정치적 개종을 경험하고 있었던 듯하다. 또는 적어도 그렇게 하려고 스스로 애쓰고 있었던 것 같다.[20]

어찌 보면 이것은 모두 나중에 일어난 일을 바탕으로 추측한 것이다. 분명한 것은 8개월 뒤 과테말라를 떠날 때 게바라가 딴 사람이 돼 있었다는 사실이다.

물론 1953년 12월 과테말라시티에 도착하기 전에 게바라는 이미 나름대로 정치적 견해와 태도를 갖고 있었다. 앤더슨은 게바라가 여행 일기에 덧붙인 '여백에 쓰는 이야기'를 중시한다.[21] 그것은 익명의 나이든 혁명가와 나눈 대화를 묘사하고 있다. 그 대화에는 섬뜩하게도 게바라 자신의 죽음을 예언하는 ― 대단히 막연한 말로 표현돼 있긴 하지만 ― 부분이 나온다. 그것은 신파극의 한 장면이라기보다는 일종의 미사여구로서, 혁명적 영웅주의의 이상과 희생·죽음의 언어로 끝맺고 있다. 그것은 결코 정치적 문서가 아니지만, 체 게바라의 모든 저작과 사상을 관통하는 듯한 영웅적이고 극적인 개념을 암시한다.

게바라는 페루 잉카 제국의 거대한 요새에서 아메리카 원주민들의 웅대함과 첫 번째 제국주의자들인 스페인 정복자들이 자행한 철저한 파괴[의 흔적]를 보았다. 볼리비아에서는 인종 차별과 마주쳤고 광부들의 얼굴에서 저항 정신을 보았다. 그는 대중을 조종하는 기회주의적 정치인들 ― 볼리비아 광부노조 지도자 후안 레친 같은 사람들 ― 에 대한 깊은 혐오감을 드러냈다. 그들을 보면서 게바라는 아마 교활하고 믿지 못할 후안 페론을 떠올렸을 것이다.

그러나 과테말라에 도착하기 전에 게바라가 쓴 저작이나 다른 사람들의 기억 속에는 게바라가 해방의 대의에 헌신하기로 결심했다거나 정치 투쟁에서 자신의 구실을 발견했음을 보여 주는 내용이 전혀 없다. 이 말은 나중에 게바라가 보여 준 혁명적 헌신성을 의심한다는 얘기가 아니라, 타고난 혁명가들은 없다는 것과 혁명가들이 평범한 생활과 동떨어진 존재가 아니라는 사실을 강조하는 것일 뿐이다. 사람들은 세상이 어떻게 돌아가는지 알게 되고, 변혁의 절실한 필요성을 깨닫게 되고, 그런 변혁을 일으킬 수 있는 세력을 확인하게 되면서 혁명가가 되는 것이다.

1953년의 과테말라는 여전히 원주민들의 나라였다. 인구의 60퍼센트가 마야 문명 — 스페인 사람들이 도착하기 전 수백 년 동안 멕시코 남부와 중앙아메리카를 지배한 — 의 원주민 후예들이었다. 스페인 사람들의 정복에 맞선 과테말라 마야족의 저항은 17세기 중반까지도 완전히 끝나지 않았고, 식민지 지주들 — 스페인 사람들이 떠난 뒤에도 과테말라의 토지와 부를 계속 지배해 온 소수 백인 엘리트 — 의 공격과 약탈에 맞선 마야족의 방어적 투쟁은 그 뒤로도 계속됐다.

19세기 내내 지속된 커피 경제, 바나나와 커피 — 과테말라의 비옥한 토양에서 저절로 자라는 — 를 구입하는 미국 시장의 성장 때문에 탐욕스런 미국 기업들이 과테말라로 몰려들었다. 20세기 초 40년 동안 과테말라의 역사는 북아메리카의 한 주요 기업, 즉 유나이티드프루트의 역사였고, 그 창업주이자 소유주인 샘 제무레이의 역사였다.[22]

일련의 군사 독재 정권들이 과테말라를 유나이티드프루트의 강력한 요구에 묶어 놓았다. 1940년대 초 호르헤 우비코 장군의 통치 시절, 중앙아메리카 전역에서 라 유나이(La Yunai)로 알려진 회사[유나이티드프루트]가 과테말라 토지의 약 40퍼센트를 지배하고 있었다. 그런데 1944년 라파엘 아레발로가 이끄는 새 정부가 개혁 프로그램을 발표했다. 당시 미국 대통령 프랭클린 로즈벨트는 제2차세계대전 종전 즈음에 미국의 '4대 민주주의적 자유' 약속을 발표한 바 있었다. 엄청난 빈부 격차, 일개 외국 회사의 경제적 지배 때문에 과테말라는 민주 변혁을 위한 이상적인 후보지가 됐다.

아레발로의 주요 개혁 프로그램은 당연히 토지 개혁 — 유나이티드프루트 소유의 토지를 땅 없는 농민들에게 재분배하는 것 — 과 노동조합 권리나 민중 교육을 포함한 사회 개혁 프로그램이었다. 아레발로 정부에서 전쟁장관을 지냈던 청년 장교 — 하코보 아르벤스 — 가 1951년 대통령 선거에서 승리했다. 아르벤스 정부는 개혁 프로그램을 철저히 추진했다. 1952년 아르벤스는 유나이티드프루트와 다른 대지주들의 토지를 국유화하는 토지 개혁 포고령에 서명했다.

중요한 점은 아르벤스가 혁명가가 아니었다는 사실이다. 어떤 의미에서 그의 프로젝트는 국가가 나서서 자원 배분을 통제하고 결정할 수 있도록 경제를 현대화하려는 것이었다. 그러나 그가 시작한 온건 개혁은 그가 쉽사리 통제할 수 없는 다른 세력들도 활성화시켰다. 노동자 조직들, 특히 농업노동자들과 농민들의 조직들이 그 기회를 이용해 개혁이 실행되도록 밀어붙이려 했다. 따라서 개혁의 발표는 위에서 나왔지만 그 동력은 아래에서 나왔다.

물론 과테말라의 상황을 보는 미국의 눈은 우려와 분노가 뒤섞여 있었다. 당시는 세계가 양대 진영 — 소련을 중심으로 한 소비에트 진영과 소련보다 더 크고 강력한 미국을 중심으로 한 진영 — 으로 분열해 있던 냉전의 시기였다. 두 진영은 처칠이 '철의 장막'이라고 부른 군사·정치·이데올로기 경계선에 따라 나뉘어 있었다. 이런 분위기에서는 사회 변혁을 추구하는 움직임은 모두 공산주의의 맹아나 소비에트 진영의 비밀 공작으로 간주됐다. 그리고 이것은 미국의 직접적인 군사 개입을 정당화시켜 주었다. 이미 전 세계 여러 곳에서 그랬듯이 말이다.

그래서 미국은 과테말라의 개혁을 공산주의가 자기네 뒷마당을 위협하는 것으로 묘사했다. 늘 그랬듯이, 미국 정부의 주요 인사 몇 명이 유나이티드프루트와 직접적인 관계가 있었다. 그 중에는 국무장관 존 포스터 덜레스와 그의 동생이자 중앙정보국(CIA) 국장인 앨런 덜레스도 포함돼 있었다. 그들은 과테말라의 부유한 지주들이나 엘살바도르·온두라스·니카라과 등 인근 중앙아메리카 나라의 독재자들과 마찬가지로 과테말라 정부를 증오했다. 그들은 모두 힘을 합쳐 아르벤스 정부를 전복하기 위한 쿠데타를 조직했다. 카를로스 카스티요 아르마스가 지휘하는 부대가 미국의 재정 지원을 받아 쿠데타를 일으켰다.[23]

게바라가 과테말라의 수도 과테말라시티에 도착한 것은 아르벤스 정부가 전복되기 겨우 6개월 전이었다. 시골에서는 실제로 갈등과 충돌이 벌어지고 있었지만, 수도에서는 아직도 동요와 급진화가 진행 중이었다. 특히 라틴아메리카의 좌파들이 그곳에서 활발하게 활동하고 있었다. 라틴아메리카 전역의 사회주의자들과 혁명가들이 과테말라로 몰려들었다. 일부는 자기 나라에서 쫓겨난 망명객들이었고, 다른 일부는 사태가 어떻게 전개되는지 직접 보고 싶어서 찾아온 사람들이었다.

게바라가 과테말라에 온 이유는 복잡했지만, 분명한 것은 그가 점차 정치적으로 각성하고 있었다는 것이다. 미국이 아르벤스를 끌어내리기 위해 준비하는 것을 본 게바라는 전에 아주 일반적인 말로 표현했던 반제국주의를 이제 더 구체화시켰다. 워싱턴은 분명히 유나이티드프루트와 협력하고 있었다. 마찬가지로 분명한 것은 미국의 이익에 영향을 미치는 어떤 개혁이나 개선도 즉각 소련의 개입으로 비난받을 것이라는 점이었다. 과테말라에서 베아트리스 아주머니에게 보낸 편지에서 게바라는 이렇게 말했다. "저는 과테말라 정부와, 정부에 들어가 있는 공산당(PGT)을 확고하게 지지했습니다."[24] 다른 여러 가지 점에서도 그는 러시아적인 것에 낭만적 애정을 갖고 있었다. 그것은 분명히 어머니를 통해 아르헨티나 공산당과 맺었던 연계의 잔재였다.

근본적으로는 북아메리카인들의 완강함이 게바라의 본능적 감정, 즉 무장 저항 외에는 대안이 없다는 생각을 부추겼다. 쿠데타가 일어나 과테말라시티가 1주일 동안 공습을 당할 때 무장 저항은 별로 없었다. 그 이유는 여전히 논쟁의 대상이다. 가장 그럴듯한 설명은 아르벤스가 노동자들을 무장시키는 것을 고려하지 않는 바람에 성공적인 저항의 가능성이 급속히 사라져 버렸다는 것이다. 그는 첫 공습이 시작되고 이웃 나라 온두라스에서 한 무리의 병사들이 침공한 지 1주일도 채 안 돼 대통령직에서 물러났다.

그 쿠데타는 전혀 뜻밖의 사건이 아니었다. 2월 2일 게바라는 아버지에게 쓴 편지에서 침공이 임박했다고 말했다. 2월 말에 몇몇 망명객들이 공격을 예상하고 과테말라를 떠났다. 3월에 미국의 우방들이 통제하는 아메리카대륙간회의에서 통과된 동의안은 '서반구에 위협'이 될 수 있는 모든 국가를 위협하는 내용을 담고 있었다. 이것은 곧 과테말라를 겨냥한 게 분명했다. 세력이 결집되고 있었고, 그것은 누가 봐도 분명했다. 그러나 게바라는 그 틈에도 엘살바도르와 온두라스의 고고학 유적지를 찾아 짧은 여행을 떠났다. 5월 말 그가 과테말라에 돌아왔을 때는 긴장이 팽팽했다. 침공이 임박했다는 것을 누구나 알 수 있었다.

게바라의 생애를 다룬 '공식' 역사가들, 특히 쿠바의 역사가들은 그가 저항을 준비하는 일에 정치적·군사적으로 개입했다고 주장해 왔다. 이를 뒷받침할 증거는 없다. 5월에 게바라가 여행을 떠난 것을 보면 그가 딱히 개입이 필요하다고 느끼지 않았음을 알 수 있고, 겨우 몇 주 전만 해도 그는 일자리를 구하기 힘들다며 과테말라를 떠나고 싶다고 말한 바 있었다. 그가 계획을 바꿔 과테말라에 남기로 한 것은 돈이 모자라기도 했고 취업 제안

비슷한 것도 받았기 때문이었다.

동시에 그는 그 몇 주 동안의 사태 전개를 분명히 우려하고 있었고 민감하게 느끼고 있었다. 더 추상적 수준에서 그의 정치적 각성은 새로운 방향으로 나아가고 있었다. 그가 과테말라에 도착한 뒤 만났거나 사귄 라틴아메리카인들은 거의 모두 정치 활동을 하고 있었다. 그리고 게바라는 페루 출신의 정치 활동가 일다 가데아에게 점차 애정을 느끼고 있었다. 일다는 여러 가지 점에서 게바라의 정치적 스승이 되고 있었다. 그들의 개인적 관계는 덜 분명했다. 일다는 게바라를 도와주고 지지했으며 새로운 친구들과 동료들을 소개해 주었다. 그리고 다양한 혁명적 사상들을 함께 탐구했다. 그는 게바라가 보통 쫓아다녔던 젊고 아름다운 여성은 아니었다. 그리고 아마 둘의 관계는 단순한 남녀 관계라기보다는 진지한 정치적 동지 관계였다고 보는 것이 더 옳을 것이다. 게바라가 쿠바에 가기 전까지 일다는 그에게 커다란 정치적 영향을 미치게 된다.

게바라가 마야족의 나라에 머무른 기간은 열정적인 감정의 시기가 아니라 정치적 각성의 시기였다.[25]

이런 요인들 — 철저한 반제국주의, 마르크스주의·사회주의 사상의 발전, 이상화된 소련에 대한 애정의 잔재, 부패에 대한 끓어오르는 분노 — 이 과테말라에서 분명히 드러나고 있었다. 그러나 그런 요인들 때문에 그가 쿠데타 기간에 어떤 분명한 구실을 한 것은 아니었다. 그에게는 전투에 참가할 기회도, 자격도 전혀 없었다.

당시 게바라가 쓴 일기를 보면 좌절감을 느낄 수 있고, 어느 정도는 그가 사태 전개를 이해하지 못했다는 것을 알 수 있다. 1954년 6월 20일 그는 어머니에게 이렇게 말했다. "민중의 정신은 매우 고양돼 있습니다. 진정한 투쟁의 분위기를 느낄 수 있습니다." 사흘 뒤 대통령 아르벤스가 갑자기 사퇴했을 때, 그는 어머니에게 이렇게 말했다. "과테말라를 존경하는 모든 사람들에게 찬물이 끼얹어졌습니다." 그는 앞으로 닥칠 일에 대한 책임이 미국과 그 동맹들에게 있다는 것을 분명히 했다.

사태 전개 속도가 반영된 7월 4일자 편지에서는 어머니 셀리아에게 이렇게 썼다.

> 그것은 아름다운 꿈이었을 뿐이며, 어머니는 이제 그 꿈에서 천천히 깨어나신 것입니다. …… 군대 해산이 민주주의의 진정한 원칙이라는 격언을 다시 한 번 확인했습니다. …… 냉혹한 진실은 아르벤스가 난국에 대처하는 방법을 알지 못한다는 것입니다.[26]

게바라는 또 기층 운동의 정치적 지도부, 특히 과테말라 공산당이 결정적 순간에 지도력을 제공하지 못했다고 지적했다. 왜냐하면 공산당 역시 아르벤스를 따라야 한다고 인정했기 때문이다. 그러나 게바라는 이런 문제들을 깊숙이 파고들지 않았다. 게바라가 보기에는, 무기와 군사 조직이 없었던 것이 문제의 핵심이었다.

> 그[아르벤스]는 민중에게 무기를 내줄 수도 있었지만, 그것을 원하지 않았습니다. …… 이제 우리는 그 결과를 보고 있습니다.[27]

분명히 그것은 핵심 문제였다. 그리고 게바라가 친구들과 토론하고 논쟁할 때 되풀이된 주제이기도 했다. 일다는 게바라가 잠시 머무르던 병원에서 사태 전개를 지켜보며 점점 더 선동적으로 변해 갔다고 회상한다. 그러나 게바라가 할 수 있는 것은 아무것도 없었다. 그것은 좌절감과 어려움을 안겨 주었다. 카스티요 아르마스가 이끄는 군사 정권이 새로 들어서자 탄압은 더 가혹해졌다. 과테말라의 상황이 점점 더 급진적 정치 실험으로 발전할 것이라고 생각해 그 일부가 되고자 찾아온 라틴아메리카인들이 약 7백여 명 있었다. 그 가운데 많은 사람들이 이제 서둘러 과테말라를 떠났고, 다른 사람들은 여러 나라 대사관으로 피신했다.

일다는 정치적 배경 때문에 특히 위험했지만, 비자 없이는 과테말라를 떠날 수 없었다. 게바라는 결국 아르헨티나 대사관으로 피신하기로 결정했다. 그의 일기는 지루한 나날들과 천식의 악화를 묘사하고 있다. 소일거리 삼아 동료 망명객들의 초상화를 그려 주기도 했다. 게바라는 그들 중 몇몇은 정치 교육이 부족하다고 썼지만, 훗날 과테말라 무장 저항 운동의 주요 인물이 되는

리카르도 라미레스는 게바라에게 깊은 인상을 남겼다.[28]

분명한 것은 이제 게바라가 자기 자신을 공산주의자로 여겼다는 것이다. 예컨대, 그는 대사관의 동료 망명객 한 명을 혹평하며 이렇게 썼다.

> 그가 평균적인 지능을 가진 사람이라면 노동 계급을 위한 이상적인 노선은 공산주의뿐이라는 것을 충분히 깨달을 수 있을 것이다.[29]

그렇지만 당시 그의 저작들에는 자칭 공산주의자들이 으레 제기하는 조직·교육·의식의 문제들을 다룬 흔적이 별로 없다. 게바라는 쿠데타와 그 직후를 검토하며 한 가지 문제를 거듭거듭 제기했는데, 그것은 바로 무기 문제였다. 그러나 과테말라 민중에게 무기가 지급됐더라도 그 무기를 언제 어떻게 사용해야 할지를 결정할 정치 조직이 없다면 그 결과는 아르벤스 정부 전복 뒤의 상황과 마찬가지로 재앙적이었을 것이다. 그리고 무기가 지급되지 않은 이유는 아르벤스 자신의 개인적 약점 때문이 아니라 그런 투쟁을 지도해야 할 정당들이 스스로 준비하지 않은 채 동요했기 때문이다.

당시 게바라가 이런 문제들을 심각하게 고민한 흔적은 보이지 않는다. 분명한 사실 한 가지는 그가 과테말라를 떠나려 했다는 것이다. 아르벤스를 지지한 외국인에게 과테말라는 더는 안전한 장소가 아니었다. 그러나 그는 아르헨티나로 돌아가는 것이 아니라 "내 모험의 다음 단계"라고 스스로 묘사한 것을 찾아 멕시코로 가기로 결정했다.

지금까지의 여행은 에르네스토 게바라가 엘 체(El Che)로 거듭나는 순간을 위한 준비기였다. [여행의] 다음 단계에서 그는 새롭고 사뭇 다른 길을 가게 된다.

제5장
카스트로를 만나다

많은 라틴아메리카 망명객들이 이미 멕시코에 와 있었다. 스페인 내전 기간[1936~1939년]에 멕시코 정부는 스페인의 공화주의자 난민들을 적극 받아들인 바 있었다. 멕시코는 부패하고 권위주의적인 (그러나 선출된) 대통령이 통치하고 있었지만, 정치적 망명객들—과테말라 출신뿐 아니라 다른 나라 출신들도—의 피난처라는 명성을 어느 정도 유지하고 있었다. 멕시코에 피신해 있던 망명객 중에는 쿠바인들도 많았다.

1954년 9월 말 게바라는 멕시코시티로 가고 있었다. 멕시코시티에서 게바라가 아는 사람은 한 명—영화업계에서 일하고 있던 나이든 시인—뿐이었다. 그러나 게바라가 영화 근처에라도 가 본 것은 자신에게 카메라를 빌려 준 스페인 난민을 만나서였다. 게바라는 그 카메라로 멕시코시티의 차풀테펙 공원에서 가족 사진이나 산보하는 연인들 사진을 찍어 주었다. 그 밖에도 알레르기 병원에서 파트타임 일자리를 얻었고 신문사에서 사진 고르는 일을 하기도 했다.

게바라는 그럭저럭 살아가고 있었다. 일다가 도착했을 때 그는 여전히 일정한 거처가 없었고, 둘은 호텔이나 카페에서 몇 차례 만났다. 게바라는 임신한 일다와 결혼하고 싶어 안달이 난 듯했지만, 일다는 좀 더 신중했다.(물론 둘은 나중에 결혼한다.) 십중팔구 일다는 짧은 연애를 즐기는 이 잘생긴 청년이 골치 아픈 배우자가 될 거라고 생각했을 것이다. 그러나 정치적으로 일다는 여전히 게바라의 조언자였다. 물론 멕시코시티에서 게바라는 새로운 정치적 동지들을 만나고 있었지만 말이다. 나이든 쿠바 동지인 니코 로페스는 게바라에게 쿠바의 무장 저항을 상당히 자세하게 얘기해 주었다. 그것은 운명적인 대화였다.

게바라는 이제 정치 서클들에 가입했고, 집으로 보낸 편지들에는 북쪽의 제국주의 권력에 대한 분노가 담겨 있었다. 그 분노는 과테말라에서 목격한 사건에서 비롯한 분노였다. 그러나 여전히 그는 근본적으로는 방랑자였다. 다양한 여행 계획을 갖고 있었고, 모종의 집단적 규율에 강한 반감을 갖고 있었다. 어머니에게 보낸 편지에서 그는 이렇게 썼다.

> [과테말라] 공산주의자들은 충분히 존경받을 만하며, 조만간 저는 당에 가입할 것입니다. 무엇보다도 제가 지금 가입하지 않는 이유는 유럽 여행에 대한 환상적 충동을 아직도 떨쳐 버리지 못했기 때문이며 그런 충동을 철의 규율에 종속시킬 수 없기 때문입니다.[30]

적어도 게바라 자신의 관점에서 봤을 때, 1954년 11월에 그는 이미 중요한 선을 넘어섰다. 그는 아직 직업 혁명가가 되지는 않았고, 직업 혁명가가 된다는 것의 실천적 의미도 분명히 깨닫고 있지는 않았다. 그는 전략과 전술을 토론한 적이 거의 없었다. 그러나 개인적 헌신성에 대한 의식은 이미 강렬했고, 이제 자신의 미래에 대한 전망을 발전시키기 시작했다.

1955년 초 몇 달 동안 게바라는 몇 가지 일을 했고 쿠바 망명객 집단들과 점점 더 많은 시간을 보냈다. 일부 저자들은 다른 라틴아메리카 망명객들보다 쿠바 망명객들이 덜 몽상적이었고 향수병 걸린 대화들을 덜 나누는 듯했다고 시사한다. 이것은 라틴아메리카의 정의라는 대의를 위해 싸우고 죽어 갔던 많은 사람들에 대한 가혹한 평가다. 그러나 쿠바인들이 잘 조직돼 있고 급변하는 고국의 상황에 아주 신속하게 개입하는 듯한 것은 사실이다. 그리고 게바라의 시선이 여전히 유럽을 향하고 있기는 했지만, 쿠바인들은 이제 그의 미래 계획에서 쿠바를 염두에 두어야 한다는 확신을 불어넣어 주었다.

1953년 7월 26일 한 무장 집단이 쿠바의 몬카다 병영을 습격했다. 그 습격은 실패했고, 습격에 참가한 많은 사람들이 살해당했다. 다른 사람들은 체포됐다. 그 무장 집단의 지도자 피델 카스트로도 체포됐다. 그보다 1년 전에 1930년대 이후 쿠바의 정치를 지배해 온 사람 — 풀헨시오 바티스타 — 이 권력을 장악하고, 임박한 선거를 취소해 버렸다. 카스트로는 그것이 쿠바에서 민주적 변화가 불가능함을 보여 주는 분명한 신호라고 생각했다. 바티스타는 미국의 지지를 받았다. 미국은 자신이 라틴아메리카 전역에 세우거나 부추긴 반공 정권들의 사슬에서 바티스타가 중요한 고리라고 생각했다. 미국 대통령 로즈벨트가 니카라과의 지배자 소모사를 두고 한 말은 바티스타에게도 들어맞는 얘기였다. "그는 개새끼다. 그러나 우리의 개새끼다."

쿠바는 아메리카에서 스페인의 마지막 식민지였다. 쿠바는 3년 전쟁을 치른 뒤인 1898년에야 독립했다. 그러나 진정한 독립은 잠시뿐이었다. 미국에서는 여전히 그 전쟁을 미국-스페인 전쟁이라고 부른다. 미군이 주둔하고 개입해 스페인 군대를 축출한 것이 쿠바의 독립을 결정지었다. 그것은 쿠바 독립 투쟁의 정치적 지도자 호세 마르티 — 제2차 해방 전쟁이 시작된 1895년 살해당했다 — 가 꿈에도 생각해 보지 않은 것이었다.

나중에 세계 여러 지역을 다루는 데서 익숙해진 방식으로 미국은 쿠바에 직접 개입했고, 그 명분은 '미국 시민의 이익' 보호였다. 아바나 항구에 정박 중이던 미국 군함 USS 메인 호가 원인 모르게 폭발한 것이 1901년 플랫 수정안 — 미국이 자국의 이익에 위협이 된다고 생각하면 언제든지 쿠바 영토에서 행동할 수 있도록 허용해 주는 내용으로 쿠바 헌법에 삽입된 조항 — 의 구실이 됐다. 게다가 관타나모 만(灣)이 미국에 양도돼 99년 동안 미 해군 기지로 사용됐다. 미국은 [쿠바의] 국립은행 총재, 관세청장, 경찰청장을 임명했다. 그것은 쿠바를 미국 경제에 통합시킨 초기 단계의 조처들이었다. 쿠바는 미국의 새로운 도시 식료품으로 점차 중요해지던 설탕의 공급처이자 미국의 상품

시장 구실을 하게 됐다.

쿠바는 식민지 상태에서 신(新)식민지 상태로 천천히 바뀌었다. 독립 후 3년이 채 안 돼 미국에서 1만 3천 명 이상의 땅 투기꾼들과 투자가들이 몰려와 쿠바 토지의 60퍼센트를 사들였다.[31]

미국 자본은 쿠바 경제에 대한 지배력을 강화했다. 1917년부터 1920년까지 설탕 가격이 폭등했다. 사탕수수 경작지가 점점 더 늘어났고, 설탕 산업에 대한 투자도 점점 더 늘어났다. 그러다가 설탕 가격이 폭락하자 쿠바의 많은 설탕업자들이 파산했다. 그들의 토지는 미국 기업들에 팔렸고, 그래서 1921년에는 미국 기업들이 쿠바의 대규모 설탕 플랜테이션을 대부분 소유했으며 쿠바산(産) 설탕을 대부분 수입했다.[32]

1929년 미국 경제의 붕괴와 이후의 대공황으로 쿠바는 큰 타격을 입었다. 설탕 수출이 감소하면서 생활수준이 하락하고 실업률이 높아지자, 부패하고 친미 사대주의적인 마차도 정권에 대한 대중의 분노도 커져 갔다. 그 분노는 1933년에 일련의 저항·파업·시위로 폭발해 마차도를 끌어내렸다. 이런 저항과 투쟁이 한창 폭발할 때 공산당이 주도한 노동자 소비에트들이 잠시 건설됐다. '혁명적 간부회', 즉 디렉토리오 레볼루시오나리오(Directorio Revolucionario) 회원들이 이끄는 학생들이 핵심 구실을 했다. 그런 상황에서 군대 내 하사관들의 지도자 풀헨시오 바티스타—사탕수수 농장 인부의 혼혈아 아들—가 학생들에게 새 대통령을 지명해 달라고 요청했다. 학생들이 선택한 대학교수 그라우 산 마르틴은 8시간 노동제를 도입하고 플랫 수정안을 폐기했으며 전기산업의 국유화를 시행하겠다고 발표했다.

그러나 새 공화국은 바티스타가 분명히 예측했듯이 겨우 몇 달 밖에 버티지 못했다. 새 정부를 무너뜨린 것은 하사관들의 반란—바티스타가 주도한 이른바 '중사들의 반란'—이었고, 미국은 이 반란을 암묵적으로 지지했다.

바티스타 자신이 대통령이 된 것은 1940년이었지만, 그는 이미 1934년 이후 대통령 배후의 실세였다. 집권 당시 그는 쿠바 공산당[1925년 창설된 쿠바 공산당(PCC)은 1944년 인민사회당(PSP)으로 이름을 바꿨다]의 지지를 받았다. 이것은 기묘한 결합처럼 보였다. 왜냐하면 1933년 중사들의 반란으로 일찍 끝나버린 사회적 격변과 저항의 시기에 공산당의 영향력이 커지고 있었기 때문이다. 중사들의 반란은 쿠바 경제와 국가에 대한 미국의 지배를 끝낼 것을 요구했지만, 그것은 1933년 반란의 물결 때문에 의제로 떠오른 사회 혁명의 압력에는 한참 못 미쳤다. 그것은 중사들이 더 급진적인 동기에서 요구한 것은 민족 자립 강화였지 노동자 국가 수립은 아니었다.

그러나 1940년에는 몇 가지 중요한 점에서 상황이 달라져 있었다. 전 세계의 공산당들이 이른바 민중전선 노선에 따라 자유주의자들, 급진주의자들, 심지어 보수주의자들과 협력하는 정책을 채택했다. 이 전략은 어떤 한 나라의 특별한 상황의 산물이 아니라, 나치즘에 반대하는 광범한 국제적 연합을 건설하고 독일의 팽창에 직면해 자국의 고립을 탈피하려는 소련의 이해관계가 반영된 결과였다. 그것이 뜻하는 바는 사회주의와 공산주의의 이상에 지독히 적대적인—그러나 광범한 반파시즘 강령에는 동의할 수 있는—모든 사회 세력과의 공통분모를 찾아내는 것이었다. 소련 지도자 스탈린과 그를 추종하는 전 세계 공산당들은 이 광범한 전선 덕분에 소련의 고립과 취약성이 완화된다면 그 대가를 기꺼이 치를 준비가 돼 있었다. 그러나 그 정치적 대가는 엄청났고 그 영향은 광범하고 영속적이었다. 왜냐하면 자본주의를 진정으로 민주적인 사회주의 체제로 교체하려는 투쟁을 포기하는 것이 민중전선의 의도와 목적이었기 때문이다. 예컨대, 스페인에서 그 결과는 공산당이 1936년 파시스트 봉기에 맞선 혁명적 저항의 발전을 억누르고 오히려 중도파와 우파 정당들—그들의 공통된 특징은 노동자 혁명에 대한 두려움이었다—과 연합하는 데 매달린 것이었다.[33]

바티스타와 공산당의 기묘한 결합은 더 폭넓은 정치적 필요의 산물이었다. 쿠바 공산당은 (꽤 분명한 이유들 때문에) 미국 공산당에 크게 영향을 받고 있었는데, 미국 공산당 지도자 얼 브로더는 민중전선 정책을 열렬하게 지지하는 사람이었다.[34] 1930년대 말 미국은 프랭클린 로즈벨트 통치 아래 테네시 강 유역 댐 건설 공사 같은 일련의 국가 주도 계획을 통해 대공황에서 회복되고 있었다. 로즈벨트의 뉴딜은 사회적 포섭과 국가 건설(또는 재건)을 얘기했다. 그것은 마치 민중전선 선언문처럼 보였고, 연합 구축을 갈망하던 브로더는 앞장서서 공산당 해체를 주장하고 나섰다. 이 극단적인 협력 정책이 유명한 브로더리즘이다. 쿠바 공산당도 마찬가지로 열심히 화해의 몸짓을 하면서 더 우파적인 세력들과 동맹을 추구하는 것처럼 보였다.

그 대가로 쿠바 공산당은 바티스타 내각에 당원 두 명 — 당 지도자인 후안 마리네요와 50년 뒤 쿠바 정치에서 핵심 구실을 하게 될 30세의 청년 카를로스 라파엘 로드리게스 — 을 입각시킬 수 있었다. 어떤 의미에서 공산당은 정부에 참여한 대가로 권력을 나눠 갖게 됐다. 공산당은 1930년대 내내 전투적 노동조합이 성장하는 데서 중요한 구실을 했다. 이제 공산당은 그 영향력을 이용해 정부에 참여한 것이다. 몇 가지 혜택이 있었다. 더 강력한 노동조합들의 지지를 얻는 대가로 노동부는 그들에게 많이 양보한다는 데 동의했다. 그러나 정부에 참여한 공산당원들은 겨우 몇 년 전만 해도 노동 계급 투쟁을 이끌었던 사람들과 사뭇 다른 구실을 했다. 국가 안에서 그들이 처한 위치 때문에 그들은 국가의 이익과 노동자들의 이익을 중재하는 도구가 됐다. 그리고 이것은 노동자 조직들이 국가로부터 독립적으로 행동할 수 있는 능력을 억제하기만 했다.

바티스타의 뒤를 이어 (1944년에는) 그라우 산 마르틴이, 그 뒤 (1948년에는) 교활하고 부패한 프리오 소카라스가 대통령이 됐다. 공산당은 또 그라우 정부를 지지하기도 했다. 그러나 1947년에 그들의 옛 동맹이 그들을 배신했다. 어쨌든 전쟁[제2차세계대전]은 끝났고 전후 세계에서는 미국과 소련이 냉전에서 서로 싸우는 양대 제국이었다. 전시 동맹이 새로운 충돌과 대결 분위기에 자리를 내주었다. 그리고 이 새로운 전쟁의 초기 피해자들 중에 라틴아메리카의 단명(短命)한 연합들이 포함돼 있었다.

1945년에 피델 카스트로 루스는 아바나대학교 법학부에 입학했다. 당시 그는 19세였고, 스페인 혈통의 꽤 부유한 지주 가문 출신이었다. 중간 계급 학생 민족주의자들과 마찬가지로, 그는 대학교 안팎의 공산당원들을 못마땅하게 여기고 있었다. 다른 곳과 마찬가지로 쿠바에서도 공산당은 부패하고 권위주의적인 정부와 결탁했고 그 대가로 소련에 대한 지지를 끌어내려 했다. 카스트로 세대가 공산주의를 접했을 당시의 공산주의는 불신의 대상이었고 부패한 사상이었다. 그러나 카스트로와 동료들은 쿠바의 경제를 여전히 지배하는 제국주의와 바티스타 정권에도 지독하게 적대적이었다.

공산주의가 더는 반제국주의 저항의 정치를 표현하지 않는다면, 그 대안은 모종의 급진 민족주의였다. 그 급진 민족주의를 대표하는 디렉토리오 레볼루시오나리오(학생 혁명적 간부회)는 여러 가지 점에서 1933년의 혁명적 열망을 간직하고 있었고 그것을 상징했다. 그 조직은 직접 행동을 옹호했고 국가와의 무장 충돌을 주창했다. 따라서 주로 비밀리에 활동할 수밖에 없었다.

1948년 카스트로는 그의 미래 활동을 예고하는 특별한 모험에 가담했다. 그는 몇몇 동료 학생들과 함께 카리브해의 외딴 부두에서 군사 훈련을 실시했다. 그 목적은 30년 동안 잔인한 독재자 트루히요의 억압에 시달리던 도미니카공화국 침공을 준비하는 것이었다.[35] 그 침공은 결코 실행되지 않았다. 일련의 사고와 오해 끝에 흐지부지된 것이다.

다시 아바나로 돌아온 카스트로는 유명한 라디오 방송인 에두아르도 치바스가 이끄는 쿠바 인민당(오르토독소스)에 가입했고, 1952년 실시 예정이었던 하원의원 선거 후보가 됐다. 1951년 말 치바스가 방송 도중 반정부 연설을 한 뒤 총으로 자살했다. 그러나 잘못된 계획 때문에 총기 자살 자체는 실제로 방송되지는 못했다. 그 직후 바티스타가 쿠데타를 일으키고, 많은 사람들의 예상대로 선거를 취소했다. 집권 직후 그가 취한 조처들은 앞으로 일어날 일들의 신호탄이었다. 즉, 정당을 금지하고, 친인척들을 국가 요직에 앉히고, 탄압을 강화했다. 카스트로가 보기에 이것은 그가 항상 확신하고 있었던 것을 다시 확인해 주었을 뿐이다. 즉, 민주적 절차는 변화를 가져올 수 없으며 소수의 단호한 사람들의 행동만이 독재 정권한테서 권력을 빼앗아 올 수 있다는 생각 말이다.

몬카다 공격은 새 전략을 처음으로 적용한 사례였다. 공격이 실패한 뒤 법정에 선 카스트로는 변명하지 않았다. 그는 피고석에서 긴 연설(그의 나중 연설들과 비교하면 상대적으로 짧았지만)을 마치며 "역사가 나를 무죄로 만들 것입니다" 하고 선언했다. 그 연설은 2년 뒤 정부의 사면으로 풀려난 그가 결성하게 될 조직의 선언문이나 마찬가지였다. 몬카다 공격을 기념하기 위해 그 조직에는 '7월 26일 운동'(M-26-J)이라는 이름이 붙었다. 그 조직이 내세운 목표는 무장 투쟁을 통한 바티스타 정권 타도와

자립적 국민국가 건설이었다.

> 우리는 자유를 구걸해서는 안 된다고 배웠습니다. 자유는 손에 쥔 칼로 쟁취해야 하는 것입니다. 호세 마르티는 이렇게 말했습니다. "정의롭지 않은 법을 준수하고 자신이 태어난 나라를 남이 짓밟도록 허용하는 사람은 명예로운 사람이 아니다."
> 나는 감옥이 두렵지 않습니다. 몬카다에서 내 동지 70명의 생명을 앗아간 비열한 독재자의 분노도 두렵지 않습니다.
> 나에게 유죄 판결을 내리십시오. 나는 상관없습니다. 역사가 나를 무죄로 만들 것입니다.[36]

피고석에서 이렇게 말하며 카스트로는 자신을 쿠바 정치 무대의 전면에 끌어올렸다. 그리고 패배를 일종의 도덕적 승리로 바꿔 놓았다. 그가 한 긴 연설의 나머지 부분은 급진적 민족주의 성명서였다. 그것은 외세의 영향에서 벗어난 진정한 경제적·정치적 독립을 요구했고, 바티스타를 격렬하게 비난했다. 그러나 역설이게도, 그것은 여러모로 1934년 바티스타가 주도한 반란의 과제와 목표―그러나 실행되지 않은―를 재천명한 것이었을 뿐이다.

쿠바 공산당은 아무 반응이 없었다. 카스트로는 국가와의 무장 충돌이라는 사상에 사로잡힌 학생 지도자였고, 공산주의 전통을 경멸했으며 분명히 노동 계급 투쟁의 경험이나 연계가 전혀 없었다. 공산당은 카스트로를 불신했고, 카스트로도 공산당을 지독히 싫어했다. 그는 공산당이 독재자와의 오랜 유착으로 얼룩지고 완전히 타협적인 정당이라고 생각했다. 그래서 카스트로는 사회주의 사상과 거리를 두었고 노동자들이 사회 변혁 과정의 핵심이 될 수 있다는 사상을 의심했다.

디렉토리오는 여전히 존재했다. 1957년에 그 조직원들이 국민궁전에서 바티스타를 살해하려 했다. 그러나 오히려 조직원들이 모두 살해당했다. 카리스마 있는 지도자 호세 안토니오 에차바리아도 사망했다. 그래서 무장 운동의 지도력을 둘러싸고 카스트로와 경쟁할 만한 사람들은 이제 사라졌다.

체포된 지 2년 뒤에 카스트로는 정부의 사면으로 감옥에서 풀려났다. 아이러니는 피델과 동생 라울 카스트로는 다른 동료들과 함께 석방된 반면, 수감 중이던 공산당원들은 사면을 받지 못했다는 것이다. 아마 바티스타 배후의 미국인 조언자들이 카스트로를 위험인물로 생각하지 않았기 때문일 것이다. 어쨌든 카스트로가 몇 주 동안 쿠바에 머무르는 사이에 라울이 멕시코로 가서 형이 오기를 기다리며 준비하고 있었다.

라울은 대학 시절 마르크스주의 고전들을 읽었고 공산당원들과 가깝게 지냈다. 그 이후 그는 공산당과 '7월 26일 운동' 지도부 사이를 연결하는 고리였고, 서로 상대방을 의심하는 두 집단을 잇는 다리 구실을 했다. 바티스타 정부가 아바나에서 발생한 일련의 폭발 사건 용의자로 라울을 지목하자 그는 쿠바에서 도망쳤다. 게바라는 멕시코에서 라울이 오기를 기다리던 조직의 일원이었다.

라울은 자기 형에 대한 믿음과 개인적 신념에 대해 말하며 게바라와 똑같은 견해를 피력했다. 즉, 쿠바와 라틴아메리카의 다른 지역에서는 선거가 아니라 전쟁을 통해서만 권력을 장악할 수 있다는 생각 말이다. 대중의 지지를 받는 전쟁을 통해 권력을 장악한 다음 사회를 자본주의에서 사회주의로 변혁할 수 있다는 견해였다.[37]

이런 대화는 진실의 일면을 보여 준다. 라울이 비록 마르크스주의 서적을 널리 읽었지만, 그는 분명히 마르크스주의의 가장 핵심적인 사상 — 마르크스한테서 물려받아 레닌이 발전시킨 — 즉, 혁명은 반드시 "노동 계급 자신의 행동"이어야 한다는 사상을 공유하지 않았다. 사회주의는 권력을 완전히 다르게 이해한다. 마르크스가 자신을 혁명적 민주주의자라고 불렀을 때, 그는 완전히 새로운 종류의 민주주의를 염두에 두고 있었다. 즉, 사회 성원 대다수 — 물질적 부(富)를 생산하는 사람들 — 가 사회의 통치자가 되는 것 말이다.

라울과 피델은 소수의 무장 투쟁이 [사회] 변화를 가져올 수 있다고 보았다. 노동 계급이 아니라 그들 소수가 이 변화 과정의 주체가 될 것이다. 혁명을 이렇게 이해하는 것은 그 조직의 중간계급적 배경을 반영한 것이다. 그러나 훨씬 더 중요한 것은 그것이 그들과 노동자들 사이의 정치적 거리를 보여 준다는 점이다. 그들의 프로젝트는 위로부터의 사회 변화를 선포할 수 있는 독립 **국가**를 추구하는 것이었다.

이 과정에서 중요한 도구는 대중 조직이나 노동자 권력이 아니라 혁명가들이 보유한 무기였다. 정치적 힘보다 무기의 힘이 더 중요했다.

게바라가 이런 주장에 이끌린 것은 그가 과테말라에서 겪은 경험에서 끌어낸 결론과 그 주장이 맞아떨어졌기 때문이다. 이런 공통의 신념이 게바라와 라울을 묶어 주었다. 2주 뒤인 7월 7일 또는 8일 게바라는 피델을 만났다. 게바라는 아주 흥분한 상태로 집에 돌아왔다. 그는 일다에게 "니코가 옳았어" 하고 말했다. "피델 카스트로는 혁명을 일으킬 거야." 2년 뒤 그는 한 아르헨티나 언론인에게 이렇게 설명했다.

> 나는 피델이 비범하다고 생각했습니다. 그에게는 확고한 신념이 있었습니다. 즉, 일단 쿠바를 향해 떠난다면 분명히 쿠바에 도착할 것이며, 쿠바에 도착하면 투쟁할 것이고, 승리할 것이라는 신념 말입니다. 저는 그의 낙관주의에 동의했습니다. 우리는 행동해야 하고 투쟁해야 하며, 우리가 하겠다고 말한 것을 실천해야 했습니다. 우리는 울음을 멈추고 투쟁해야 했습니다.[38]

일다의 기록에 따르면, 며칠 뒤 게바라는 무장 투쟁을 위해 쿠바로 돌아가겠다는 카스트로의 계획에 동참하기로 결정을 내렸다.

나중에 카스트로는 게바라가 자신보다 훨씬 더 이데올로기적이었으며 정치적 신념이 분명했다고 주장했다. 다른 사람들도 이런 주장에 적극 동의했다. 내가 보기에 진실은 약간 달랐던 듯하다. 게바라 자신은 다소 기묘하게도 칼 마르크스를 '성(聖) 찰리'[Saint Charlie : 찰리는 칼(Karl)의 영어식 표현이다]라고 불렀다. 그는 분명히 마르크스의 저작을 읽기 시작했다. 비록 마르크스의 어떤 저작이 게바라의 주목을 끌었는지 알 수 없지만 말이다. 그러나 그는 또 알레르기 치료법에 관한 아이디어들을 발전시키고 있었을 뿐 아니라 당시 라틴아메리카에서 의사들이 하는 기능에 대한 글도 쓰고 있었다.

8월에 게바라는 멕시코시티에서 그리 멀지 않은 소도시 테포소틀란—스페인 침략 이전 시기의 유적으로 유명한—에서 일다 가데아와 결혼식을 올렸다. 라울 카스트로도 그 결혼식에 참석했다. 비록 방명록에 서명할 수는 없었지만—그가 멕시코에 있다는 것은 여전히 비밀이었다—말이다. 게바라는 결혼 사실을 가족들에게 알리는 편지에서 여전히 유럽과 아프리카 여행 계획에 대해 쓰고 있다. 일다는 그들의 딸 베아트리스를 임신하고 있었다.

분명히 그때가 바로 에르네스토 게바라가 엘 체로 거듭나는 시기였다. 그것은 이상한 갈림길이었다. 게바라는 스스로 "성 찰리[마르크스—곤살레스]가 이제 [내 인생의—곤살레스] 중심축이 됐다"고 대담하게 선언했지만,[39] 당시 그가 정치적 탐구에 몰두하고 있었다거나 사회주의 역사의 주요 쟁점들을 천착하고 있었음을 보여 주는 이렇다 할 증거는 찾기 힘들다. 그는 여전히 복잡하고 때로는 모순된 사람이었다.

우리는 게바라가 가난하고 불쌍하고 고통 받는 사람들에게 보여 준 관심과 배려를 통해 그가 인간적이고 너그러운 사람이었음을 알고 있다. 우리는 게바라가 에너지와 열정이 충만한, 부지런하고 활동적인 사람이었으며 이런 정신이 주변 사람들에게 영향을 미치고 감동을 주었다는 것도 알고 있다. 그러나 무엇보다도 우리는 그에게서 모종의 초조감을 엿볼 수 있다. 즉, 적(제국주의)은 이미 파악됐고 과제도 분명하다는 느낌 말이다. 그 과제는 비록 매우 막연하게 표현되긴 했지만, 더 나은 세계를 만드는 것, 자유와 정의를 쟁취하는 것이었다. 정치적으로는, 그가 아직 특별히 잘 알지는 못했지만 어쨌든 공산주의 전통에 공감하고 있었음이 분명하다. 그는 1955년 9월 아르헨티나에서 페론 정권이 무너지는 것을 보면서도 아랑곳하지 않았다. 비록 페론의 몰락 이후 나타난 폭력 사태에 대해서는 깊이 우려했지만 말이다.

아르헨티나가 아니라 과테말라에서 겪은 경험이 게바라에게는 결정적이었던 듯하다. 그는 행동이 가장 중요하다고 결론을 내렸다. 피델 카스트로가 나중에 썼듯이,

> 멕시코에 있었을 때 우리는 혁명적 이론에 대해 토론하지 않았다. 우리가 토론한 것은 바티스타 반대 투쟁, 쿠바 상륙 계획, 게릴라전 개시 …… 등이었다. 게바라가 나와 함께 투쟁에 동참하게 된 것은 행동하는 인간으로서 그가 가진 투쟁 정신 때문이었다.[40]

이 때문에 카스트로와 게바라는 서로 상대방에게 끌렸다. 즉, 일종의 무모한 용기, 행동에 대한 열망, 혁명의 성패는 오로지 소수의 헌신적인 혁명가들의 결단과 훈련에 달려있다는 확고한 신념 때문에 말이다.

그들은 둘 다 시대의 산물이었다. 공산당들과 결부된 혁명적 사회주의 전통은 동유럽의 폭압적인 정권들과 공산당들의 연계 때문에 철저하게 불신당했다. 라틴아메리카에서는 공산당들이 우익 정당들이나 조직들과 기꺼이 타협했기 때문에 마르크스주의 사상이 무의미해져 버렸다. 몇 년 뒤[41] 스탈린주의의 가면이 벗겨지자 스탈린주의를 옹호해 왔던 공산당들은 더는 사회주의 전통의 소유권을 주장할 수 없게 된다. 한편, 새로운 세대의 혁명가들은 다른 데서 정치적 대안을 찾고 있었다.

제6장
82명의 전사들

 적어도 한동안 이들 두 사람은 한 배를 탄 운명이었다. 그들은 공통점도 아주 많았지만, 한편으로 사뭇 다르기도 했다.
 게바라의 지향이 아무리 추상적이었다 해도 그것은 사회 변화를 추구하는 것이었다. 게바라의 정치적 탐구가 비교적 초기 단계였을 때조차도 그는 다른 사회를 열정적으로 주창하는 사람이었다. 어떤 점에서 이런 문제들에 대한 그의 사상은 의사의 구실 — 사회에서 가장 절실한 일꾼 — 을 둘러싼 토론에서, 그리고 일반적인 반제국주의에서 더 분명히 드러났다. 카스트로와 달리 게바라는 자신을 가끔 공산주의자로 묘사했다. 물론 게바라가 말한 공산주의의 의미는 다소 모호했지만 말이다.
 카스트로가 야심 많은 정치인이었다는 것은 훨씬 더 분명했다. 그의 시선은 권력 장악에 맞춰져 있었다. 그는 정치적 논쟁을 달가워하지 않았고 사회주의를 깊이 의심하고 있었다.(나중에는 많은 사람들에게 사회주의를 주창하게 되지만 말이다.) 그는 또 역사에서 자신의 위치를 확신하고 있었다. 피고석에서 그가 한 연설을 보면 그 점은 의심의 여지가 없다.

정치적으로도 카스트로와 게바라는 사뭇 달랐다. 카스트로는 토지 개혁, 부패 종식, 1940년의 헌정 회복 등 5대 요구로 제한된 정치 강령을 내세운 민족주의자였다. 이런 정책들은 노동자·농민뿐 아니라 카스트로를 재정 지원한 많은 기업인들도 지지했다. 이런 지원 덕분에 카스트로는 그란마 호(號)라는 모터보트를 구입할 수 있었고 멕시코의 찰코 부근에 게릴라 훈련소를 세울 수 있었다. 반면에 게바라는 자신을 혁명가·공산주의자로 묘사했다. 물론 '7월 26일 운동' 내부의 실권이 누구에게 있었는지는 의심의 여지가 없다. 카스트로가 '7월 26일 운동'의 명백한 지도자였다.

많은 저술가들이 두 사람의 관계를 해명하거나 합리화하려 해 왔다.

둘 다 대가족 집안에서 응석받이로 자라 버릇없게 구는 소년 시절을 보냈다. 외모에는 관심이 없었고, 성적(性的)으로 밝히는 스타일이었지만 연애 문제는 개인적 목표에 비해 부차적이었다. 둘 다 라틴계의 남자다움이 몸에 밴 사람들이었다. 여성은 연약함을 타고난 존재라고 믿었고, 동성애자들을 경멸했으며, 용감한 남성들을 존경했다.[42]

카스트로는 게바라의 특성 — 열정·헌신성·부지런함 — 을 재빨리 알아차렸다. 1955년 말에는 카스트로가 쿠바 혁명을 준비하며 게바라에게 중요한 구실을 맡기려 한다는 것이 분명했지만 그것은 훈련과 실천의 과제들에 국한된 것이었다. 정치적으로 카스트로와 게바라는 아직 꽤나 거리가 멀었다. 그러나 게바라는 카스트로에게 도전하거나 논쟁하지 않았다. 아마 카스트로의 카리스마 때문에 게바라가 자제했을 것이다. 카스트로는 분명히 강력하고 두드러진 개성의 소유자였다. 게바라는 카스트로에게 복종했다. 게바라는 확고부동한 결의를 갖고 있으며 자신의 운명을 확신하는 이 남자를 존경했다. 그리고 무엇보다도 게바라는 외국을 침공하는 일에 가담하고 있었다. 그는 쿠바에 대해 아는 바가 별로 없었으며 카스트로의 설명과 분석을 받아들였다. 그는 또 카스트로의 주변 인물들을 보면서 분명히 깊은 인상을 받았을 것이다. 라울 카스트로는 이미 게바라에게 강력한 영향을 미쳤고, '7월 26일 운동'의 도시 지도자 프랑크 파이스도 게바라에게 깊은 인상을 주었다.(파이스가 잠시 멕시코에 들렀을 때 게바라와 만났는지 아닌지는 분명하지 않지만 말이다. 둘이 확실히 만난 것은 1957년 파이스가 죽기 얼마 전이었다.)

파이스는 '7월 26일 운동'의 도시 조직자로서 운동의 주요 인물로 떠오르고 있었다. 그는 카스트로가 쿠바 침공을 단념하도록 설득하려 했는데, 그 이유는 도시 조직이 아직 충분히 강력하지 않았기 때문이었다. 훌륭한 지도자였고 젊은 교사였던 파이스는 조직에 들어온 지 얼마 되지 않은 사람이었다. 결국 카스트로가 파이스를 설득해 [침공] 계획의 필요성을 확신시켰다.

또 다른 방문객이자 디렉토리오의 지도자였던 호세 안토니오 에체바리아도 1957년 바티스타 암살 실패로 사망하기 전까지는 주요 인물이었다. 그러나 카스트로는 디렉토리오의 도시 테러 행위에 대해 지극히 신중했다. 그리고 심지어 바티스타 정권의 비밀경찰 요원 암살을 공개적으로 비난하기도 했다. 카스트로가 게릴라전을 시작하려 준비하고 있었던 것을 생각하면, 이것은 이상하게 보인다. 그러나 에체바리아는 주요 정치적 경쟁자였고, 카스트로는 무장 세력의 지도력을 그와 나눠 가질 생각이 전혀 없었다.[43]

일부 역사가들은[44] 쿠바 공산당의 주요 지도자 몇 명도 멕시코의 쿠바인 거주지를 방문했다고 주장해 왔다. 그것은 그들이 어쨌든 카스트로의 모험에 연루돼 있었음을 시사한다. [그러나] 더 그럴듯한 가능성은 그들이 카스트로를 설득해 그 계획을 포기하고 자신들의 지도력을 받아들이도록 하기 위해 카스트로를 방문했다는 것이다. 그들이 나중에 카스트로를 경멸하는 말을 내뱉은 것을 보면, 카스트로가 제안을 거절했음을 알 수 있다. 젊은 변호사 출신의 오만하고 야심 많고 노골적인 반공주의자가 보인 당연한 반응이었다.

1955년 말 그 소규모 조직은 실제 훈련을 시작했다. 처음에 그 훈련에는 멕시코시티를 가로지르는 인수르헨테스 대로(大路)를 따라 17마일[약 27킬로미터]을 행군하는 것도 포함돼 있었다. 나중에 그들은 멕시코시티 외곽의 포포카테페틀 화산에 오르기도 했다. 산을 뒤덮은 화산재가 바람에 날렸기 때문에 그 등산은

82명의 전사들 75

아주 힘들었고 게바라는 천식 때문에 산꼭대기에 오를 수가 없었다. 그러나 그는 계속 시도했다. 그들이 멕시코시티의 차풀테펙 공원 호수에서 배를 타고 격렬하게 노를 젓는 모습을 담은 사진들도 있다. 2월에 그들은 교외의 사격장에서 사격 훈련을 시작했다. 2월 26일 게바라의 딸 일다 베아트리스가 태어났다.

바로 그때 알베르토 바요가 조직에 가입했다. 그는 스페인 내전 당시 공화국 군대 대령 출신이었고, 카스트로 집안과 친분이 있는 사람이었다. 그는 조직의 훈련을 도와주기로 했고, 이를 위해 찰코 근처의 작고 황폐한 농장을 빌렸다.[45] 그들의 훈련은 한 달쯤 계속됐다. 6월 중순 멕시코 경찰이 카스트로와 다른 많은 조직원들을 체포했고, 찰코의 훈련소는 폐쇄됐다. 그 직후에 게바라도 체포됐다.

그 오합지졸 부대가 찰코에서 여섯 달도 채 안 돼 혁명적 군대 — 적어도 그런 군대의 중핵 — 가 될 수 있었다고 상상하기는 힘들다. 그러나 그 기간에, 그리고 다소 어설픈 그런 훈련을 통해 에르네스토 게바라는 쿠바 원정부대의 군의관 엘 체가 됐다. 심지어 쿠바인들의 액센트와 카리브인들의 말버릇을 사용하는 등 말투도 바뀌기 시작했다.[46] 그는 약간 더 체계적으로 마르크스주의 저작들을 읽기 시작했다. 물론 희생과 용기를 찬양하는 그저 그런 영웅시 따위를 여전히 즐겨 썼지만 말이다. 그러나 이 조직의 상황에서 보면, 게바라는 점차 가장 정치적인 사람 가운데 하나로 떠올랐다. 타이보는 '7월 26일 운동' 아래 모인 사람들의 사상과 태도가 얼마나 다양한지를 보여 주는 대화를 기록했다.

그것은 정말 간단하다고 그는 말했다. 우리는 한 방에 그[바티스타]를 날려 버려야 한다. 그것이 바로 바티스타가 어느 날 갑자기 집권한 방식이며, 이제 우리가 그를 그런 방식으로 제거해야 한다. 중요한 것은 권력을 장악하는 것이다. 나는 우리가 원칙을 바탕으로 움직여야 한다고, 중요한 것은 집권 후 우리가 무엇을 할 것인지 아는 것이라고 말했다.[47]

게바라와 대화를 나눈 그 사람은 결국 조직을 떠났지만, 그는 몬카다 습격 당시 카스트로의 동료였다. 따라서 그는 혼자만의 생각을 말한 것은 아니었다.

게바라가 쿠바인들과 함께 감옥에 갇혀 있을 때, 그의 투옥은 아주 당연한 것처럼 보였다. 비록 게바라는 자신을 걱정하지 말라고, 자신을 감옥에서 꺼내려다 [쿠바 침공] 계획이 위험해지는 것을 원하지 않는다고 카스트로에게 말하기는 했지만 말이다. 그러나 카스트로는 정말로 게바라를 감옥에서 꺼내 주었고, 게바라는 카스트로의 동지애에 감동했다. 7월에 게바라는 부모님에게 쓴 편지에서 이렇게 말했다.

제 미래는 이제 쿠바 혁명에 달려있습니다. 저는 쿠바 혁명과 함께 승리하든지 아니면 혁명을 시도하다가 죽을 것입니다.[48]

주사위는 던져졌다. 짧고 제한적이긴 했지만 훈련은 끝났다. 9월에 카스트로는 미국 국적을 포기한 사람에게 4만 달러를 주고 물이 새는 낡은 모터보트 그란마 호를 구입했다. 그 돈을 대준 사람은 믿을 수 없고 아주 의심스런 자, 즉 바티스타에게 쫓겨난 부패하고 파렴치한 전 대통령 프리오 소카라스였다.[49] 게바라는 그 사실을 알았을까? 그런 것 같지는 않다. 당시 그는 석방 조건으로 열흘 안에 멕시코를 떠나라는 명령을 이행하지 않아 도망다녀야 하는 불법체류자 신세였다. 안전한 곳을 찾아 이 집 저 집 떠돌던 게바라는 11월 22일 카스트로가 멕시코 전역에 흩어져 있던 다른 사람들과 자신을 멕시코 만(灣) 부근의 툭스판에 있는 한 집에 불러 모았을 때 적이 놀랐다.

11월 24일 밤 82명이 그란마 호에 모였다. 자원자들이 모두 올 수 있었던 것은 아니다. 그란마 호는 작고 물이 새는 보트였고 날씨는 험악했다. 비가 내렸고 해변에는 바람이 몰아치고 있었다. 80마일[약 13킬로미터]을 여행하는 사흘 동안 이런 날씨가 계속될 것이라는 예보가 있었다. 그들은 다음 날 오전 1시 30분에 조용히 출발했다. 들리는 것이라곤 개 짖는 소리뿐이었다고 파우스티노 페레스는 기억한다.

사흘 예정이었던 여행은 일주일이 걸렸다. 바람이 불 때마다 작은 배는 자꾸만 항로에서 벗어났고, 항해에 서툰 승무원들은 바닥에서 나뒹굴었다. 이윽고 1956년 12월 2일 아침 그들은 마침내 뭍을 발견했다. 벨릭이라는 곳이었다. 그들은 상륙 예정지에서 2킬로미터나 떨어진 해변에 도착한 것이다. 그리고 그들을 기다리는 것이 있었다.

미리 계획한 대로 프랑크 파이스는 11월 30일 그란마 호의 상륙 예정 시점에 맞춰 산티아고 시에서 봉기를 조직했다.

새벽녘에 27명의 무장 대원들이 '7월 26일 운동'의 휘장을 처음으로 착용한 채 거리로 나왔다. 그날 밤 그들은 9명의 전사자들을 남긴 채 퇴각했다. 혹독한 탄압이 뒤따랐다. 엎친 데 덮친 격으로 바티스타 군대가 [그란마 호 상륙에 관한] 정보를 미리 입수했다. 해안경비대의 순찰 활동이 강화됐고, 해안선을 따라 배치된 병력이 증강됐다.

그란마 호의 항해는 재앙이었다. 보트는 82명이 타기에는 너무 작고 빈약했다. 대부분은 뱃멀미에 시달렸고, 게바라에게는 나눠 줄 약도 없었다. 게바라 자신이 극심한 고통에 시달렸다. 그는 배에 급히 오르느라 호흡기를 놔두고 왔고, 그래서 천식 때문에 꼼짝달싹할 수 없었다.

셀리아 산체스가 다른 대원들과 함께 무기를 갖고 예정된 장소에서 기다리고 있었다. 이틀 뒤 그는 계획이 실패했다고 생각하고 그곳을 떠났다.

뭍에 상륙한 원정대는 벨릭 곶이 망그로브 숲으로 들어가는 입구라는 것을 깨달았다. 그들은 두 부대로 나뉘어서 복잡하게 뒤엉킨 나무뿌리 사이를 헤쳐 나아갔다. 머리 위에서는 비행기가 날아다니며 덤불 속으로 사격을 해댔다. 두 부대는 이틀 내내 헤매다가 다시 만났다.

그들이 알레그리아 델 피오라는 곳의 사탕수수 밭에 도착했을 때는 완전히 기진맥진한 상태였다. 게릴라들이 사탕수수 밭 가장자리에서 쉬고 있을 때, 안내원 노릇을 하던 현지 농민이 사라졌다. 오후 4시 30분쯤 군대가 항공 지원을 받으며 공격해 왔다. 게바라는 당시의 필사적인 상황을 이렇게 묘사한다.

알레그리아 델 피오의 총격전 도중 한 동지가 내 발 앞에 탄약통을 떨어뜨렸다. 너무 늦었다고 그는 말했다. …… 처음으로 나는 의사의 헌신성과 혁명적 병사의 의무 사이에서 선택을 해야 하는 기로에 섰다. 내 발 앞에 의약품 상자와 탄약통이 하나씩 있었다. 둘 다 들고 가기에는 너무 무거웠다. 나는 탄약통을 선택했다. …… 그때 갑자기 가슴이 찢어지는 듯 아팠다. 나는 분명히 내가 죽는다고 생각했다.

게바라는 자신의 야전 일기에서 "나는 잠시 희망을 잃었다"고 말한다. 그런 체념의 순간은 나중에 출간된 ≪쿠바 혁명 전쟁 회고록≫에는 나오지 않는다.

알메이다가 나에게 움직이라고 재촉했다. 경비행기들이 우리 머리 위로 낮게 날고 있었다. 그 장면은 기괴했다. 한 뚱뚱한 게릴라가 사탕수수 줄기 뒤에 숨으려 애쓰고 있었고, 다른 게릴라는 이 시끄러운 소란 와중에도 조용히 하라고 소리치고 있었다. ……
　작은 숲에 도착한 우리는 밤이 올 때까지 계속 걷다가 아무렇게나 쓰러져 잤다. 우리는 모기떼에 시달렸고 갈증에 고통스러워했으며 배가 고파 죽을 지경이었다. 이것은 반란군이

겪은 첫 시련으로, 1956년 12월 5일의 일이었다.[50]

그 뒤 며칠은 악몽 같은 나날이었다. 생존자들은 농촌 곳곳으로 흩어졌고 군대가 그들을 뒤쫓았다. 게바라 일행 다섯 명은 계속 이동했다. 그들에게는 식량도 물도 거의 없었다. 그들은 "독 안에 든 쥐" 신세라고 느꼈다고 게바라는 말했다. 12월 13일 어떤 우호적인 농부가 그들을 따뜻하게 맞이했고 그들은 1주일 만에 처음으로 음식을 실컷 먹을 수 있었다. 결국 너무 많이 먹었음이 드러났다. 일행 모두(이제는 여덟 명으로 늘어나 있었다) 먹은 것을 토하느라 정신이 없었다.

그들은 여전히 파편적인 정보를 가지고 조금씩 사태를 종합해 보려 애썼다. 그란마 호를 타고 온 사람들의 다수는 총격전 도중이나 체포된 직후 살해당했다. 일부는 도망쳤고, 피델 카스트로도 그 중 한 명이었다.

그란마 호를 타고 온 82명 가운데 살아남은 사람은 겨우 19명뿐이었다. 또 다른 8명이 나중에 그들과 합류하게 된다. 기묘하게도, 게릴라 투쟁과 그 비참한 시작을 설명하는 저작 중에 가장 널리 읽힌 것은 카를로스 프랑키의 ≪12인≫이다.[51] 왜 열둘인가? 일부러 종교적 의미를 담아 혁명가들을 신화화하려 했음을 부인하기 어렵다. 그 책은 혁명이 승리한 뒤(1960년)에 출간됐다. 그 책은 게릴라전의 실상뿐 아니라 카스트로가 신생국 쿠바에서 자신이 어떻게 보이기를 원했는지 잘 보여 준다.

12월 21일 게바라 일행은 카스트로와 다시 만났다. 그러나 그다지 유쾌한 만남은 아니었다. 카스트로는 도망병들이 무기도 잃어버렸다며 노발대발했다. 그것은 무례한 반응이었고, 게바라는 깊은 마음의 상처를 받았다. 특히, 카스트로가 게바라의 권총을 회수하고 이를 낡은 소총으로 교체했을 때 그랬다. 그것은 의도된 모욕이었다. 그러나 게바라의 상처받은 자존심도 카스트로에 대한 그의 존경과 충성심을 약화시키지 않았다. 그것은 카스트로의 거만한 남성다움이 드러난 한 예였다. 그러나 그것은 첫 침공 계획의 분명한 실패를 남들에게 들키지 않으려는 행동의 일환이었을지도 모른다.

그란마 호의 상륙은 재앙이었고, 산티아고 봉기는 비록 용감하기는 했지만 고립된 소수의 행동이었다. '7월 26일 운동'의 지지자들과 동조자들이 쿠바 전역에 흩어져 있었지만, 그들은 노동조합이나 다른 어떤 외부 조직들과도 연관 맺고 있지 않았다. 그러나 카스트로는 전 국민의 총 봉기를 기대했던 듯하다. 이제 그 조직의 흩어진 잔당들은 셀리아 산체스나 다른 지지자들과 다시 연락하기 시작했다. 그러나 분명한 것은 장기 게릴라전을 위한 새로운 전략이 필요하다는 것이었다.

도시 운동의 지원이 없었다면 어떤 게릴라 조직(나중에 게바라가 포코[foco : 거점이라는 뜻]라고 설명한)도 살아남을 수 없었다. 산(시에라)과 평야(야노)의 관계가 그 뒤 몇 년 동안 계속된 정치적 논쟁의 핵심이었다. 그 논쟁은 무엇보다 어느 쪽이 운동을 지도해야 하는지를 둘러싼 것이었다.

그러나 그 소규모 조직은 1957년 새해를 거치며 살아남았다.

카스트로는 자신들의 존재를 널리 알려야 한다는 생각에 조바심을 냈다. 그리고 그란마 호의 상륙 작전 이후 자신들이 살아남았음을 뭔가 특별한 방식으로 알리고 싶어 했다. 1월 17일에 그 기회가 찾아 왔다.

치초 오소리오는 그 지방에서 악명 높은 정치 유력자였다. 자신들이 오소리오 소유의 땅에 들어와 있음을 알게 된 게릴라들은 경비원들을 공격하고 증오의 대상이던 오소리오를 살해했다. 그것은 결코 모범적인 작전이 아니었다. 수류탄 두 발의 안전핀이 뽑히지 않았고, 다이너마이트 한 개가 폭발하지 않았다. 그렇지만 게릴라들은 살아남았고, 처음으로 영향력을 과시했다. 나중에 그 작전을 돌이켜 보며 게바라가 쓴 교범들은 그 작전이 신중한 전술적 결정의 산물이었다는 인상을 준다.[52] 사실 그들은 고도로 훈련받고 잘 조직된 세력이 아니었다. 이 단계에서 상황은 즉흥적으로 흘러갔고 많은 것들이 운에 달려 있었다.

제7장
산과 평야

　게릴라 부대는 계속 움직였고, 정부군이 그들을 뒤쫓고 있었다. 이 단계에서 게바라의 주요 관심사는 게릴라들의 이동을 정부군에 알려 주는 치바토스, 즉 밀고자들의 활동이었다. 그 때문에 게릴라들은 계속 이동해야 했고 끊임없이 위험에 빠졌으므로, 게바라는 그들을 용서하지 않았다. 며칠 뒤 바티스타 군대와 맞닥뜨린 게바라는 처음으로 살인을 했다. 게릴라 부대에서 도망친 한 병사가 정부군에 붙잡혀 고문 끝에 살해당했다는 소식을 들은 게바라는 "슬프지만 교훈적인" 일이라고 평가했다.[53] 배신자 에우티미오 게라가 붙잡혔을 때 권총을 꺼내 그를 처형한 사람은 바로 게바라였다. 처형에 대한 게바라의 설명은 일종의 기묘한 도덕적 강렬함으로 가득 차 있지만, 그는 고통이나 후회를 드러낸 적이 없다. 여러 가지를 종합해 보면, 당시 게바라가 중요한 심리적 변화를 겪고 있었음을 알 수 있다.

에르네스토 체 게바라는 이제 전쟁 중이었고, 혁명을 일으키려 애쓰고 있었다. 혁명은 신념의 의식적 도약의 산물이라고 그는 생각했다.[54]

거칠고 무모한 청년이 더 강경하고 더 단호하며 더 규율 있는 사람으로 바뀌고 있었다. 강인한 전투 부대는 내부 규율이 엄격해야 한다고 그는 확신했다. 그는 똑같이 가혹한 규율을 자기 자신에게도 적용했는데, 이 엄격하고 집요한 내부 통제는 두 가지 방식으로 해석할 수 있다. 그것은 이 게릴라 부대가 궁극으로 정치적 전통이 거의 없는 고립된 빈농들에 의존해야 했던 약점을 보여 주는 증거였거나, 아니면 게바라가 정치적 확신이 아니라 군사적 자질을 강조함으로써 게릴라 군대를 유지했음을 보여 주는 상징이었다. 앤더슨은 그것을 일종의 칼뱅주의, 즉 동요나 모호함, 중간적 태도를 결코 용납하지 않는 이분법적 세계관이라고 설명한다.

게바라가 이미 군사 영역에서 중요한 구실을 하고 있었지만, 그는 아직 '7월 26일 운동'의 정치적 지도부는 아니었다. 이 투쟁 단계에서 그가 쓴 일기와 저작들은 도덕적 열정과 용기·희생에 대한 강조로 가득 차 있다. 그러나 쿠바 전역에서 벌어지는 더 광범한 운동이나 그 운동이 다뤄야 하는 전략적 문제들에 대해서는 거의 말하지 않고 있다. 그는 피델과 라울 카스트로 형제를 통해서만 다른 반정부 운동 세력들과 접촉했을 뿐, 독자적으로 접촉한 적이 결코 없었다. 그리고 운동 내부의 복잡한 관계나 긴장에 대해 매우 제한적으로만 알고 있었다.

사실, 게바라의 혁명적 전쟁관 — 대중을 대리해서 혁명가들이 수행하는 전쟁 — 에서 노동자 운동의 상태나 도시의 대중적 저항은 핵심 문제가 아니었다. 게바라의 견해에서 투쟁의 핵심은 산악지대(시에라)의 게릴라 투쟁이었다. 혁명 이전 투쟁의 역사를 1959년 이후 쓰게 됐을 때, 산악지대의 중요성은 의문의 여지가 없는 것처럼 다뤄졌다. 그러나 1957년의 첫 몇 주 동안 게릴라들이 여기저기 흩어져서 정부군의 공격과 추격에 시달리며 살아남기 급급했을 때 운동 내부의 정치적 전투는 아직 물밑에서 진행되고 있었다.

어떤 점에서 논쟁은 누가 운동을 지도해야 하는지를 둘러싼 것이었다. 즉, 카스트로 휘하의 게릴라들인가 아니면 도시 운동 또는 디렉토리오 또는 공산당인가 하는 것이었다. 더 중요한 쟁점은 게릴라전을 누가 수행해야 하는가였다. 정말이지, 그란마 호를 타고 온 소수의 자발적 집단 말고 누가 게릴라들이었는가? 게릴라 군대는 무장한 조직 노동자들로 이루어진 노동 계급 민병대였는가? 아니면 농촌에서 진지전을 하기 위해 농업노동자들(쿠바의 경우 대부분 사탕수수 농장의 인부들)과 빈농들을 한데 모은 군대였는가? 게바라와 카스트로는 이 점에서 의견이 일치했다. 비록 그 이유는 거의 분명히 달랐지만 말이다.

게릴라전은 척박한 산악지대인 마에스트라 산맥(시에라 마에스트라)에서 벌어졌다. 그곳은 바티스타 군대가 움직이기도 힘들고 게릴라 작전에 대응하기도 힘든 곳이었다. 그곳의 주민들은 대부분 고립되고 매우 가난한 농부들이었다. 그들은 도시나 대농장 또는 플랜테이션의 집단적 조직들의 중심에서 물리적·사회적으로 멀리 떨어져 있었다. 그들은 분명히 바티스타 정권을 미워했다. 그들이 보기에 바티스타 정권은 대체로 전횡을 일삼는 지방 정치인들의 권력과 억압적인 중앙 정부―자신들을 지원해 주는 것이 거의 없거나 전혀 없는―의 표본이었다. 그런 이유들 때문에 그들을 설득하면 게릴라 군대에 들어오거나 적어도 게릴라 전사들을 지지할지도 모를 일이었다. 반면에, 머지않아 분명해졌지만, 그들은 결코 외부인들을 자동으로 신뢰하지 않았다. 그리고 흔히 자신들과 반란군의 연계가 드러날 경우 국가에게 보복당할까 봐 두려워했다.

또 다른 의미에서, 투쟁의 초점이 야노―원래는 평야라는 뜻이지만, 도시를 뜻하기도 한다―여야 하는지 아니면 시에라여야 하는지를 둘러싼 논쟁은 사실상 누가 반정부 운동을 지도해야 하는지를 둘러싼 논쟁이었다. 권력 장악 프로그램에는 권력을 장악했을 때 등장하게 될 사회의 씨앗이 이런저런 형태로 반드시 들어있기 마련이다.

유명한 잡지 ≪라이프≫의 기자인 미국인 저널리스트 허버트 매슈스가 카스트로와 인터뷰하기를 원한다는 소식이 들려온 것은 아주 절묘한 때였다. 그리고 카스트로는 그 기회를 십분 활용했다.

인터뷰 시점인 1957년 2월은 '7월 26일 운동'의 전국 지도부와 카스트로가 그란마 호 상륙 이후 처음 만나는 때와 일치했다.

사실 당시 카스트로 주변의 게릴라들은 겨우 17명뿐이었다. 그들이 그 산속에 존재한다는 것은 널리 알려진 사실이었지만, 그들의 군사적 영향력은 보잘것없었다. 도시에서 '7월 26일 운동'은 지지를 받고 있었지만, 겨우 3개월 전의 산티아고 봉기 실패는 그런 지지가 얼마나 하찮은 것인지를 — 그리고 일부 학생들만 지지하고 있다는 것도 — 잘 보여 주었다. '7월 26일 운동'은 아직 노동자 조직들 사이에서 이렇다 할 지지를 받고 있지 못했다.[55]

2월 17일 아침 허버트 매슈스가 카스트로의 야영지로 찾아왔다. 카스트로는 매슈스에게 가장 강한 인상을 주기 위해 세심하게 준비했다. 예컨대, 인터뷰 도중 한 전사가 헐떡거리며 뛰어와 (있지도 않은) 2중대에서 보고가 올라왔다고 전했다. 카스트로는 또 섣부른 정치적 딱지 붙이기를 조심스레 피했다. 매슈스가 카스트로에게 반제국주의자냐고 묻자 카스트로는 즉답을 피했다. 매슈스가 받은 인상은 이랬다.

> 이 사람은 강렬한 개성의 소유자다. 부하들이 그를 떠받드는 것을 쉽사리 알 수 있고, 그가 왜 쿠바 전역의 젊은이들에게 인기가 있는지도 금방 알 수 있다. …… 강령은 모호하고 일반적인 말로 표현돼 있다. 그러나 그것은 쿠바의 뉴딜이나 마찬가지이고, 급진적이며 민주적이고 따라서 반공주의적 강령이다.[56]

이것은 바티스타에 대한 대대적인 반격이었다. 왜냐하면 바티스타는 그 전 며칠 동안 카스트로가 죽었으며 게릴라 군대는 괴멸했다고 몇 번이나 공언했기 때문이다. 바티스타의 가까운 동맹이자 쿠바 주재 미국 대사인 얼 T 스미스는 당연히 ≪라이프≫의 보도를 보고 분노했다. 스미스는 그 보도가 쿠바에서 미국의 친구들에 대한 지지가 감소하고 있음을 보여 주는 것이라고 생각했다.[57]

게바라는 매슈스 인터뷰 현장에 있지도 않았고 카스트로가 그 기회를 어떻게 이용할 작정이었는지도 알지 못했다. 바티스타 정권 전복 전후의 혁명 과정에서 게바라가 하게 될 중요한 구실을 생각해 보면 이것은 놀라운 일처럼 보인다. 게바라는 어쨌든 원정대의 군의관 — 그 자체로 중추 기능을 담당하는 — 이었다. 반면에, 그는 '7월 26일 운동'의 전국 지도부의 일원이 아니었다. 그는 여전히 알레그리아 델 피오에서 저지른 심각한 실수 — 카스트로는 그렇게 생각했다 — 의 대가를 치르고 있었던 걸까? 더 그럴듯한 설명은 '7월 26일 운동' 자체가 직면한 정치적 갈림길, 카스트로가 자신의 확고한 혁명 지도력을 다시 확인하고자 했던 갈림길에서 찾을 수 있다.

게바라는 일기에서 '7월 26일 운동'의 주요 지도자들을 처음으로 만난 것이 이때였다고 쓰고 있다.[58] 변호사 아르만도 아르트, 탁월한 조직자 프랑크 파이스, 오빠와 함께 몬카다 습격에 가담했던 아이데 산타마리아(오빠는 몬카다 습격 도중 살해당했다),[59] 장차 라울 카스트로의 부인이 되는 빌마 에스핀, 그리고 물론 셀리아 산체스도 포함돼 있었다. 그들은 모두 학생 운동 출신이었다. 게바라의 출간되지 않은 일기를 보면, 그들이 모두 중간 계급 출신이라는 것을 게바라가 약간 우려했음을 알 수 있다. 그는 또 그들 가운데 많은 사람들의 정치적 시야가 협소한 것에 대해서도 상당히 놀랐다. 그들은 반공주의자·민족주의자들이었지만, 사회주의자나 혁명가는 아니었다.[60]

전국 지도부 회의는 그 다음 날까지 계속됐다. 프랑크 파이스는 도시 저항 운동 건설을 찬성했고, 매슈스 인터뷰의 후속 조처로 카스트로가 쿠바 외부에서 연대 활동을 펼쳐야 한다는 뜻을 넌지시 내비쳤다. 파우스티노 페레스는 에스캄브라이에서 제2의 전선을 열어야 한다고 주장했다. 또, 공산당과 계속 연락을 주고받았던 라울은 십중팔구 공산당과의 연계를 먼저 발전시켜야 한다고 주장했을 것이다.

카스트로의 카리스마적 성격에 대한 매슈스의 설명은 옳았다. 전국 지도부 회의가 끝날 무렵 카스트로는 자신의 정치적 견해를 지도부에 관철시켰다. 게릴라 군대 건설이 가장 시급한 과제여야 한다는 것과 '시민적 저항'을 조직하라는 호소문을 발표하자는 것이었다. '시민적 저항'의 근본 기능은 물질적으로, 그리고 극적인 사보타주 행동으로 게릴라 전사들을 지지하는 것이어야 했다. 카스트로는 게릴라 군대가 꾸준히 성장하고 있다고도 주장했다. 그러나 그것은 사실이 아니었다. 사실, 반란군을 도와준 사람은 누구든지 잔혹한 보복을 당했기 때문에 게릴라들은 현지 농민들 사이에서 훨씬 더 고립돼 있었다. 그러나 회의 끝 무렵에 저항 운동 내부의 정치적 세력 균형은 결정적으로 카스트로에게 유리해졌고, '7월 26일 운동'의 기관지 <레볼루시온>(혁명)의 편집장 카를로스 프랑키 같은 도시 대표단(게바라가 "반공주의자들"이라고 묘사한)에게는 불리해졌다. 2월 말 프랑키가 '7월 26일 운동'을 '민주주의·민족주의·사회주의' 운동으로 묘사한 선언문을 발표하자 카스트로는 즉각 이를 반박했다. 또 프랑키는 당시 카스트로가 점차 권위주의적인 지도자 — 라틴 아메리카 정치에서 익숙한 용어로 카우디요(caudillo) — 로 변해 가고 있다고 우려했다.[61]

그런 지휘 구조는 3월 초의 사건들 때문에 더 강화됐다. 3월 13일 바티스타 암살 미수 사건 이후 디렉토리오는 사실상 파괴됐고, 그 지도자 에체바리아의 죽음은 청년들과 학생들 사이에서 카스트로의 지지 기반에 도전할 만한 가장 강력한 경쟁자가 사라졌음을 뜻했다.

카스트로는 마에스트라 산속으로 철수했다. 게바라는 카스트로와 함께 움직이기 시작했지만, 2월 말 천식이 악화했다. 게바라는 뒤에 남아 아드레날린 보급뿐 아니라 새로 도시에서 충원된 신병들을 기다려야 한다는 지시를 받았다. 이제 게릴라 군대는 80명 가까이 늘어나 있었다. 물론 그 직전에 보도돼 폭발적인 반응을 불러일으킨 매슈스의 인터뷰가 일종의 신병모집책 구실을 했다. 디렉토리오의 붕괴도 인원 증가의 한 요인이 됐다. 엎친 데 덮친 격으로, 카마구에이에서 발생한 폭파 미수 사건 직후 도시 운동의 주요 지도자들이었던 프랑크 파이스와 아르만도 아르트가 체포됐다.

게바라와 카스트로 일행이 다시 만났을 때, 카스트로는 게바라가 도시에서 온 신병들과 그 지도자 소투스에게 자신의 권위를 강제하지 못했다며 신랄하게 비판했다. 라울이 형을 설득해 게바라에게 중요한 정치적 구실을 맡기자고 했지만, 카스트로는 사실상 게바라를 또다시 강등시켰다.

그러나 게바라는 항의하지 않았다. 그는 영웅들과 도덕적 확신으로 가득 찬 변화무쌍한 세계에서 살고 있었고, 그 세계에서 카스트로의 권위를 확인할 때마다 게바라의 존경심은 자꾸만 커져 갔다. 반면, 그는 디렉토리오의 도시 전사들을 경멸했다. 당시까지도 급진적 개인주의자였던 게바라에게 가장 중요했던 것은 조직과 반란군 부대의 동료애였을 것이라는 앤더슨의 주장이 아마 옳을 것이다. 게바라가 일반적인 정치적 견해를 발전시키고 있었지만, 그의 사리 판단은 무엇보다 도덕적 판단이었다는 것도 분명하다. 그의 판단 기준은 충성심, 용기, 이타심, 기술적 준비성이었다. 카스트로의 정치 경력에서 두드러진 교활함과 임기응변의 능력을 게바라는 갖고 있지 않았다. 그러나 게바라의 개인적 특성이 다른 사람들에게 미친 영향은 그들 사이에서 똑같은 반응을 불러일으켰다. 비록 카스트로는 게바라에게 무례하게 굴었지만, 다른 동지들은 시가를 피워 모기떼를 쫓아내고 수염(이제는 혁명가들의 필수 사항이 돼 버린)이 듬성듬성 난 이 아르헨티나 의사를 무척 좋아했다.

그러나 게릴라 군대가 추구해야 할 전술에 대해 게바라와 카스트로의 견해가 일치한 것은 분명했다. 게바라는 게릴라들을 위해 쓴 안내서인 ≪게릴라전≫에서 '무장한 선전' 개념을 만들어 냈다. 반란군의 행동은 무엇보다도 직접적인 군사적 승리를 거두기 위한 것이 아니라 정부군의 약점을 드러냄으로써 사기를 떨어뜨리고 그 기반을 무너뜨리기 위한 것이다. 물론 이런 행동의 다른 측면은 반란군의 성과를 강화하고 널리 알리는 것이다. 그래서 불패의 신화, 영리하고 치밀한 책략의 신화를 만들어 내는 것이다.

반란군의 명성을 정당화하려면 이제 무장 투쟁이 절실했다. 5월 28일 우베로의 정부군 병영을 공격하는 과정에서 반란군 여섯 명이 사망했다. 어느 순간 전투 상황이 불리해지고 있다고 느낀 게바라가 벌떡 일어나 총을 쏘며 돌격하면서 외쳤다. "우리는 이겨야 한다." 이 어리석고 경솔한 자발적 행동 덕분에 게바라는 카스트로의 존경과 인정을 받았다. 게바라는 뒤에 남아 부상병 후송을 감독하는 임무를 맡은 반면, 카스트로는 다시 산으로 철수했다. 게바라 일행은 매우 느리게 이동했고, 현지 주민들은 부상당한 게릴라들을 지원하는 데 그다지 열의가 없음이 드러났다.

7월 17일 게바라와 카스트로가 다시 만났을 때, 게바라는 불쾌한 현실에 직면했다. 또다시 카스트로의 계산된 실용주의가 전투에서 게바라의 돌격을 재촉한 이상주의·확신과 충돌했다. 게바라가 천천히 돌아오는 동안 카스트로는 전에 자신이 몸담았던 옛 오르토독소스[인민당]의 대표 두 명과 대화를 나누고 있었다. 한 명은 죽은 에두아르도 치바스의 형제인 라울 치바스였고, 다른 한 명은 쿠바 국립은행 총재를 지낸 펠리페 파소스였다. 사실, 카스트로는 그 얼마 전에 발표된 1958년 대통령 선거를 앞두고 그들과 협약을 맺고 이를 이미 공표한 상태였다.

그것은 아주 타협적인 우파 정치인들의 조직과 맺은 협약이었다. 게바라는 이들 "당대의 프리마돈나들" — 게바라는 이들을 그렇게 불렀다 — 을 신뢰하지 않았고, 그가 그런 것도 당연했다. 그는 그들과 '7월 26일 운동'의 연루를 심각하게 의심하고 있었다. 그들은 바티스타에 반대했지만, 기회주의적 이유들 때문에 그렇게 했다. 그들을 혁명적 운동의 정치적 동맹 세력으로 여길 수는 없었다. 기껏해야 잠시 제휴할 수 있는 세력 이상은 결코 아니었다. 게바라의 일기를 보면 그가 카스트로와 오랫동안 토론했음을 알 수 있다. 카스트로는 자신이 "정말로 전투적인 문서"를 만들려고 했지만 이 "돌대가리들" 때문에 그럴 수 없었다고 게바라를 납득시켰다.[62] 결국 게바라는 카스트로의 설명을 받아들였다. 그러나 여기서도 실용주의와 이상주의는 충돌했고, 이것은 처음도 아니고 마지막도 아니었다.

사실, 여러 도시에서 '7월 26일 운동'은 잇따라 타격을 입었다. 카를로스 프랑키는 이미 체포됐고, 파이스와 아르트가 체포된 뒤에는 도시의 네트워크 중에서 오직 셀리아만이 여전히 활동하고 있었다. 몇 주가 채 안 돼 여러 도시에서 '7월 26일 운동'의 공인된 지도자였던 프랑크 파이스가 죽었다.

아마 이 때문에 게바라는 나중에 마이애미 협약으로 알려지게 된 치바스·파소스와 맺은 협약의 필요성을 마지못해 받아들였을 것이다. 게바라는 여전히 그 협약이 못마땅했다. 그러나 그 이유는 어떤 의미에서 모순적이었다. 그는 부패하고 자유주의적인 정치인들과 맺는 협약을 원칙적으로 반대했지만, 카스트로가 그들을 달래기 위해서 강령의 핵심 요구들을 기꺼이 포기하려는 것을 보면서 혼란에 빠지기도 했다. 예컨대, 토지 개혁 조항은 이제 지주들의 보상권을 보장하는 것으로 수정됐다. 그것은 명백히 카스트로의 새 동맹 세력들에 대한 양보였다. 게바라는 그렇게 하면 결코 농부들의 지지를 얻을 수 없을 것이라는 점을 잘 알고 있었다.

반면에, 그는 도시의 정치와 개량주의를 동일하게 생각했고 산속 게릴라들의 정치와 혁명을 같게 생각했다. 게바라는 도시가 획일적인 곳이라고 말했다. 그는 도시의 투쟁을 기각하면서 사실상 노동조합과 노동자들도 무시했다. 그러나 산악지대는 쿠바의 농촌이 아니었다. 농촌에서는 농민과 농업노동자 계급이 혁명적 투쟁을 위한 대안적 토대로 보일 수도 있었다. 당시 쿠바 사회에서 이들이 사는 곳도 '평야'였다. 게바라(와 카스트로)가 뜻한 곳은 마에스트라 산맥의 더 멀고 험난한 지형이었다. 그곳은 치고 빠지기 식의 군사 전략에는 딱 맞는 곳이었지만, 고립 분산된 주민들이 사회 운동을 건설할 수 있는 지역은 아니었다. 게바라와 카스트로가 공유한 전략은 대중이 아니라 대중의 이름으로 투쟁한다고 자처하는 소수의 혁명적 전사들이 수행하는 게릴라전이었다.

파이스가 살해당한 뒤 게바라는 '다니엘'(레네 라모스 라토우르)과 긴 편지를 주고받았다. 그 편지에서 다니엘은 '평야'에서 벌이는 전투에 관한 게바라의 단순한 견해를 격렬하게 반박했다. 게바라가 보기에, 민중의 이름으로 그리고 민중을 대리해서 혁명을 수행하는 것은 바로 혁명가들이었다. 다니엘은 도시의 활동이 게릴라전만큼 영웅적 기회들을 많이 만들어 내지 않을지라도 도시에서 게릴라들을 지원하는 사람들도 마찬가지로 용감한 사람들이라고 반박했다. 그러나 그는 게바라의 견해에 정치적으로 도전하지는 않았다.

게바라가 이렇게 노동 계급과 소농들을 게릴라 지원 부대쯤으로 격하시킨 데는 분명한 이유들이 있었다. 사실, 그것은 카스트로와 게바라가 멕시코에서 만났을 때부터 서로 동의한 부분 가운데 하나였다. 노동자 권력이라는 사상에 뿌리를 둔 사회주의 정치 전통에 대한 카스트로의 적대감은 노골적이었고 여러 문서에서 잘 드러났다.(게바라는 그것을 '7월 26일 운동'의 '반공주의'라고 묘사했다.)

또 한편으로 게바라는 라울 카스트로('7월 26일 운동'의 지도자들 가운데 공산당과 가장 가까웠던)와 같은 편에 서서 마이애미 협약을 비판했다. 반면에, 그의 대안은 혁명을 일으킬 수 있는 더 광범한 사회 세력과 함께하는 공동 활동이 아니라 혁명적 이상주의와 도덕적 순수성이었다. 바로 그런 이유 때문에 그는 여전히 피델 카스트로를 무조건 존경하고 추종했다.

7월 21일에 게바라는 마침내 '사령관'이 됐다. 비록 라울이 뭔가 석연찮은 이유들 때문에 부관으로 강등된 것이 그 승진의 옥에 티였지만 말이다. 라울이 강등된 이유는 마이애미 협약을 둘러싼 논쟁과 관계가 있었을 것이다. 또다시 카스트로는 그저 장기판의 말들을 옮기고 있었을 것이다.

이제 미국이 자신의 오랜 친구 바티스타에게 등을 돌리기 시작했음이 점차 분명해지고 있었다. 바티스타 정권의 억압 기구와 노골적인 부패는 미국을 점차 곤혹스럽게 만들고 있었으며, 특히 정치적 대안이 점차 분명하게 드러나고 있었다. 한때 바티스타의 가장 든든한 보호자였던 새 쿠바 주재 미국 대사 얼 스미스가 취임식 도중 경찰의 고문 행위를 공개적으로 얘기했다. 그리고 CIA는 독재 정권에 맞서는 반정부 세력들과 접촉하기 시작했다. 예컨대, 해군의 개혁파 장교들은 시엔푸에고스 항에서 쿠데타를 모의하고 있었고, 비슷한 시기에 육군과 공군 내부에서도 비슷한 움직임들이 있었다. CIA는 쿠데타가 일어나면 지지하겠노라고 약속했다.

게바라가 아주 놀랄 만하게도, '7월 26일 운동'도 CIA와 빈번하게 접촉하고 있었다. 프랑크 파이스는 죽기 직전에 카스트로와 주고받은 편지에서 CIA 요원들과 만날 가능성을 얘기하며 미국 정부 기관원들이 보낸 돈이 '7월 26일 운동'에 이미 도착했다고 얘기했다. 파이스는 또 '7월 26일 운동'의 구조를 개편해 각각의 활동 영역이 지도부에 동등하게 반영되도록 하자고 제안했다. 그러나 카스트로는 바티스타 반대 운동—몇몇 전선에서 확실히 성장하고 있었던 반정부 운동—의 유일하고 명백한 지도자는 자기 자신이라고 생각했다.

1957년 9월 5일 시엔푸에고스 공격이 시작됐다. 그러나 아바나와 산티아고에서도 일어날 것으로 예상됐던 동시 다발 봉기는 불발에 그쳤고, 그래서 바티스타는 모든 화력을 반란군 진압에 집중할 수 있었다. 탄압은 야만적이었다. 약 3백 명의 음모자들이 대부분 고문 끝에 처형당했다.[63] 바티스타의 대응이 어찌나 야만적이었던지 미국 내에서도 그를 골칫거리로 여기는 사람들이 늘어나기 시작했다. 시엔푸에고스 탄압과 프랑크 파이스의 죽음은 반란군 지도부 안에서 카스트로의 지위를 더 확실하게 다져 주었다.

이 모든 과정에서 게바라는 어디 있었을까? '다니엘'과 벌인 논쟁을 보면 의문의 여지가 별로 없다. 게바라는 헌신적인 게릴라이자 군사 조직가였을 뿐 아니라 카스트로와 똑같은 견해와 신념을 가진 '7월 26일 운동'의 정치적 지도자이기도 했다. 그러나 그는 카스트로가 우파 정치인들, CIA, 마이애미 마피아들과 거래하고 그들 사이에서 책략을 부리는 것을 심각하게 우려했다. 그리고 자신의 야전 일기에 그런 불쾌감을 적어 놓았다.[64] 그는 이미 자신이 '7월 26일 운동'의 '반공주의자들'이라고 부른 사람들에 대한 의심의 목소리를 낸 바 있었다. 그러나 이들은 정치적으로 말하자면 카스트로와 똑같은 배경 출신이었으며, 부패하고 타협적인 쿠바 공산당에 대해 똑같이 심각한 적대감을 공유하고 있었다. 이제 게바라는 자기 자신을 마르크스주의자라고 생각했으며, 자신이 훈련시키는 신병들에게 기본적인 마르크스주의를 교육하고 있었다. 이 때문에 그는 '7월 26일 운동'의 지도자들 가운데 공산당과 가장 빈번하게 연락을 주고받았던 라울 카스트로와 더 가까워졌다. 그러나 게바라는 공산주의의 가장 근본적 원칙들을 배신한 공산주의에도 마찬가지로 비판적이었다. 그리고 1960년대에 동유럽의 '공식' 공산주의의 모순과 배신이 점차 드러나게 되자 이런 긴장은 점점 더 분명해지게 된다.

혁명적 헌신성뿐 아니라 정치에서도 게바라는 비타협적이었다. 그러나 그에게 혁명적 변화의 도구는 게릴라 군대였고, 그 방식은 게릴라전이었다. 따라서 산악 게릴라들을 위한 게바라의 교범 ≪게릴라전≫은 단지 병참과 군대에 관한 저작만은 아니었다. 그것은 정치적 저작이기도 했다. 그 책은 혁명 전쟁의 승패가 기술적 준비, 군사적 전문 지식, 그리고 무엇보다 혁명적 세포(포코)의 규율에 달려 있다고 주장했다. 그래서 게바라가 자기 휘하 병사들에게, 그리고 의도했든 아니든 대의를 위험에 빠뜨린 사람 누구에게나 지극히 가혹했던 것이다. 그는 밀고자들과 탈영병들을 서슴없이 처형했지만, 적군 병사들에게는 관대했다. 이것은 군사적 신사도에서만 나올 수 있는 반응이다.

게바라는 노동자 운동, 학생들, 시위를 오직 게릴라들을 지지하고 지원하는 대상으로만 여겼다. 그는 자신을 마르크스주의자로 묘사했지만, 마르크스는 혁명을 노동 계급이 집단행동을 통해 스스로 해방을 쟁취하는 순간이라고 생각했다. 이런 생각은 게바라의 세계관—또는 그의 정치 저작들—에서는 찾아볼 수 없다. 카스트로의 정치적 선언문이나 성명서는 말할 것도 없다.

제8장
아바나 진군

 9월에 게바라는 엘 옴브리토에 상설 기지를 구축했다. 거기에는 소규모 무기고, 담배 공장, 1958년 2월부터 방송을 시작한 무선 수신 장치가 있었다. 게바라는 게릴라들이 통제한 그 지역을 '해방구'라고 부르며 그곳의 생활상을 유토피아처럼 묘사했다. 게바라 휘하의 신병들은 주로 인근 지역 출신들이었으며, 게바라가 즉석 세미나에서 요약·설명해 주는 마르크스주의 사상을 무척 낯설어했다. 사실, 게바라와 카스트로 둘 다 쿠바의 정치 전통에는 마르크스주의 사상이 없었던 것처럼 시사했지만, 그것은 공산당과 다른 혁명적 사회주의자들의 영향력을 과소평가한 것이었다. 잘 찾아보면 공산당과 다른 혁명적 사회주의자들이 오랫동안 쿠바 정치에 개입해 왔었기 때문이다.[65]
 1957년 말에 게릴라들과 쿠바 국가는 일종의 교착 상태에 이르렀다. 두 개의 새로운 전선이 형성됐다. 물론 현실은 미사여구보다 훨씬 덜 인상적이었다. 이 전선들은 군사력을 비축하기 시작한 소규모 게릴라 부대들로 이루어져 있었다. 대체로 정부군은 산악지대에서 멀리 떨어져 있었다.

게바라 자신이 작성한 1957년의 대차대조표[66]는 터무니없이 긍정적이었다(카스트로도 마찬가지였지만).

> 투쟁 첫 해 끝 무렵, 쿠바 전역에서 총 봉기가 점차 가까워지고 있었다.[67]

나는 게바라가 뭔가를 노리고 과장하고 있었다고 생각한다. 게릴라 군대가 유명세를 떨친—그리고 쿠바인 다수의 공감을 얻고 있던—것은 의심의 여지가 없다. 바티스타 정권이 '7월 26일 운동'의 지지자라고 생각되는 사람을 모두 억압하고 핍박하다 보니 반정부 세력들만 점차 늘어났고, 미국은 바티스타 정권에 대해 더욱 냉담한 태도를 취하고 있었다. 산속의 게릴라 부대를 찾아오는 신병들이 늘어났다. 반면에, 프랑크 파이스의 죽음과 카메구에이 봉기 실패 이후 도시의 운동은 심각하고 끔찍한 패배에 시달렸다.

게바라와 다니엘 사이의 논쟁[68]은 두 가지 경험의 차이를 이해하려는 시도에서 비롯한 내부 논쟁의 반향이었다. 게바라가 보기에 도시의 운동은 실패했고, 이것은 그와 카스트로가 추구한 전략, 즉 무장 투쟁에 집중하는 전략의 올바름을 입증하는 것이었다. 게바라는 '해방구'의 생활을 묘사할 때 사람들이 그곳에서 어떻게 바뀌었는지를—그리고 무장 투쟁에 가담한 이후 게바라 자신의 견해가 어떻게 바뀌었는지도 — 강조하려고 애썼다. 그래서 그는 예컨대 이렇게 말할 수 있었다.

> 내가 전에 어떤 쿠바 공산당 지도자에게 말한 것을 그가 나중에 다른 사람들에게 그 시기의 정확한 특징이라며 되풀이하는 것을 들은 적이 있다. "당신들은 감옥에서 가장 끔찍한 고문도 견딜 수 있는 간부들을 양성할 수는 있겠지만, 기관총을 쏠 수 있는 간부들을 양성할 수는 없을 것이다."[69]

항상 게바라는 혁명가들의 헌신과 결단을 강조했다. 사회 세력에 대한 평가, 대중 운동 건설 방안, 반란군과 더 광범한 운동의 관계 등에 대한 토론은 없었다. 산은 어쨌든 군사적 공간이었다. 정치 — 평야 — 는 항상 산에 종속돼야 했다.

사회주의자들은 사람들이 자신들의 운명을 직접 결정하게 되는 것이 혁명의 과정이며, 그들이 적극적인 주체가 되는 경험을 통해 새로운 — 사회주의 — 사회의 모습이 결정될 것이라고 생각한다. 사회주의는 지도자들을 바꾸는 문제가 아니라 상이한 가치들(예컨대, 이윤이 아니라 필요를 위한 생산)에 기초한 사회를 건설하는 문제다. 사회주의에서 민주주의 개념은 완전히 다르다. 즉, 이런저런 정치꾼들을 이따금 선출하는 것이 아니라 사회생활의 주요 결정 과정에 날마다 직접 참여하는 것이 민주주의다.

1958년 초에 게바라와 카스트로는 여전히 혁명 전쟁의 수행

방식을 둘러싸고 격렬한 정치 투쟁을 벌이고 있었다. 놀랍게도 —카스트로의 끊임없는 불신을 생각하면—쿠바 공산당과의 연락이 빈번해지고 있었고, 도시와 산악지대 사이에는 주기적인 왕래가 있었다. 일부 지도적인 공산당원들이 카스트로 군대에 들어오고 있었고, 두 조직 사이의 연락이 빠르게 발전하고 있었다. 이것은 여러 도시에서 공산당과 '7월 26일 운동' 사이의 관계 악화를 반영하고 있었다. 공산당이 게릴라들에게 열의를 보인 것은 '7월 26일 운동'의 두 부문을 서로 이간질하려는 생각과 상당히 관계가 있었다는 점은 분명했다.

1958년 3월 가톨릭 교회가 평화 구상을 발표했다. 그리고 법원이 바티스타의 측근들과 깡패들에게 유죄를 선고하려는 것처럼 보였다. 독재자의 대응은 6월로 예정된 선거를 연기하고 새로운 탄압 조치들을 강화한 것이었다. 이에 대해 '7월 26일 운동'은 정권에 대항하는 '전면전'—4월 9일의 총파업으로 시작하는—을 호소했다. 그것은 참담한 실패로 끝났다. 노동조합들의 호응이 없었고, 공산당은 '7월 26일 운동' 지도부의 호소를 일축한 채 완전히 등을 돌렸다.

그 직후 '7월 26일 운동'은 결정적인 정치적 전환을 단행했다. 5월 3일 마에스트라 산맥에서 전국 지도부 회의가 열렸다. 그때를 떠올리며 게바라는 나중에 이렇게 말했다.

회의에서는 그 전에 전쟁을 지휘하는 과정 내내 서로 충돌했던 두 가지 개념을 토론하고 결의안을 통과시켰다. 그 회의에

서 게릴라전 개념이 승리했다. 카스트로의 권위와 입지는 더 확고해졌다.[70]

그것은 단지 게바라의 무조건적 지지를 받은 카스트로의 손안에 지휘권이 집중된 것만은 아니었다. 운동의 구조가 이제 군사 투쟁에 따라 결정되는 것이었다.

게바라는 나중에 ≪게릴라전≫에서 발전시키게 되는 결론들에 이르렀다. 첫째, 인민의 군대가 정규군에 대항하는 군사 투쟁에서 승리할 수 있다는 것. 둘째, 라틴아메리카의 특별한 조건에서 가장 혁명적인 계급은 공업이나 농업의 조직 노동자들이 아니라 가난한 농민들이라는 것. 셋째, 투쟁을 시작하기 전에 혁명의 조건들이 존재하기를 기다릴 필요가 없다 — 혁명적 포코가 그런 조건들을 만들어 낼 수 있다 — 는 것.[71]

게바라의 사상은 그가 상상할 수도 없었던 반향을 불러일으키게 된다. 그런 반향은 라틴아메리카의 청년 혁명가들 한 세대 전체의 투쟁을 좌우하게 되고 장기적으로 참담한 결과를 낳게 된다.

어떤 점에서 게바라는 다른 사회주의자들이 말한 일종의 비관론적 점진주의 — '객관적 조건'이 먼저 존재해야만 변화가 가능하며, 그런 조건을 만들어 내는 데서 혁명가들이 적극적인 구실을 할 수 없다는 생각 — 에 반발하고 있었던 셈이다. 그러나 가난한 농민들을 혁명의 핵심 사회 집단으로 인식하다 보니 게바라는 마르크스주의의 중심 사상을 거부하게 됐다. 즉, 사회 혁명을 일으킬 수 있는 것은 조직 노동 계급의 힘뿐이라는 사상 말이다. 라틴아메리카의 몇몇 나라는 여전히 소규모 농업 생산이 지배하고 있었다. 그리고 그런 상황에서 농민이 혁명적 계급이라는 주장은 여전히 중요했다. 그러나 자신의 조국 아르헨티나나 그가 오랫동안 머물렀던 멕시코와 마찬가지로 쿠바도 설탕이라는 단일 상품 생산국으로서 세계 경제에 통합돼 있었고 이미 고도로 도시화된 사회였다.

게바라의 혁명 개념은 무기를 들고 투쟁하는 사람들의 구실만을 인정했다. 그들만이 혁명의 주체였다. 도시 노동자들, 학생들, 소도시의 주민들은 어떤가? 그들의 과제는 전사들을 공급하고 전사들을 지지하는 것뿐이었다. 그리고 그것이 혁명이 일어나는 방식이라면 그것은 혁명 이후 등장할 사회의 모습을 결정하는 방식이기도 했다. 혁명가들이 지도하고, 대중은 자신들을 대리해서 투쟁하는 사람들을 지지한다. 군사 구조에는 민주주의나 투명성이 있을 수 없다. 둘 다 군사적 상황에서는 재앙을 초래할 것이다. 그러나 사회에서는 민주주의나 투명성의 부재가 재앙이 될 것이다.

당시 카스트로와 게바라는 알 수 없었지만, 5월이 되자 바티스타 정권은 워싱턴에 있는 주인들의 지지를 잃고 있었고 내부에서부터 무너지기 시작했다.[72] 물론 미국 정부가 집단적 위기의식을 느끼고 있었던 것은 아니다. 미국이 선호하는 니카라과·과테말라·페루 등지의 독재 정권들은 여전히 확고했다. 당시는 여전히 냉전 시기였고, 미국 국무부는 자유, 민족 독립 또는 사회 정의를 위한 운동은 모두 공산주의의 영향을 받은 것이라고 여겨졌다.

그러나 라틴아메리카에서 미국의 지배력은 문제가 없었고, 인기가 형편없는 바티스타 정권이 광범한 대중의 반대를 무릅쓰고 미국의 이익을 성공적으로 보호할 수 있는가 하는 점만이 문제였다. 그리고 그런 반대는 점차 커져 가고 있었다.

4월 파업이 실패한 뒤 바티스타는 게릴라들을 소탕하기 위해 대규모 병력을 투입했다. 5월 첫 주 말에는 1만 명의 정부군이 반란군을 포위하고 있었다. 미국은 공개적으로는 바티스타에 대한 무기 지원을 거부했지만, 산악지대 어귀의 마을들과 진지들에 대한 공습에는 미국산 미사일들이 사용되고 있었다.

그때 게바라는 미나스 델 프리오의 훈련기지에서 신병들을 훈련시키고 있었다.(그들은 나중에 동부에서 두 번째 전선의 토대가 된다.) 그것은 중요한 과제였지만 게바라에게는 좌절감을 안겨 주었다. 게바라는 친구 카밀로 시엔푸에고스와 함께 정부군에 대항하는 전투에 참가하고 싶어 했다. 그러나 카스트로가 지휘사령부에서 대체로 움직이지 않고 있는 동안 게바라는 사실상 부사령관이 됐고 아주 중요한 무선통신망을 운영하고 있었다. 그런 대결 국면에서 무선통신망은 부차적 과제처럼 보일 수도 있었지만, 산악지대 외부 세계와의 통신 덕분에 반란군의 영향력은 증폭되고 확대됐다. 그것은 실제보다 훨씬 더 크고 강력한 조직이라는 인상을 주는 데도 도움이 됐다.

당시 반란군의 현실은 어땠는가? 카스트로 휘하의 병사 약

2백80명은 각각 약 50발씩 탄약을 보유하고 있었다. 시에라 데 크리스탈에 있는 라울의 두 번째 전선에는 십중팔구 약 2백 명의 전사들이 있었다. 두 부대 모두 정부군의 포위망 속에서 공습을 당하고 있었다.

> 그 포위망은 처음부터 그리 넓지 않았다. 반란군의 근거지 전체는…… 실제로는 몇 평방마일의 좁은 지역이었다. 카스트로의 사령부에서 북부 최전선의 마을 라스 메르세데스까지의 거리는 12킬로미터였고, 미나스 델 프리오의 신병훈련소는 그 두 지점 사이에 있었다. 반란군 본부에서 남쪽 해안까지는 8킬로미터도 채 안 됐다.[73]

포위망 안에서는 균열이 일어나고 있었는데, 특히 게바라 주변의 신병들 사이에서 그랬다. 도망치는 신병들이 많았고, 6월 초 내내 계속된 주기적인 폭격 때문에 불평과 불만이 늘어갔다. 부대가 계속 유지될 수 있었던 것은 대부분 게바라 사령관 개인의 특성 덕분이었다. 한편으로 그는 무모하리만큼 정력적이고 용감했다. 그는 휘하 병사들에게 솔직했고, 남들에게 시킨 것은 자신도 꼭 실천한다는 것을 분명히 보여 주었다. 다른 한편으로 그는 자신이 보기에 대의를 배신했거나 위험에 빠뜨렸다고 생각되는 사람들에게는 무자비했다. 몇 건의 처형이 있었고, 처벌은 무제한이었다. 겁에 질려 도망치려 했던 신병 한 명은 열흘 동안 굶는 벌을 받았다. 끊임없는 포위 상태의 자원병 군대에서 두려움·도주·자포자기 현상이 나타나는 것을 이해하기는 어렵지 않다. 그러나 주변 사람들이 보기에 체 게바라는 죽음을 두려워하지 않는 듯했다.

6월 말 정부군의 포위망이 라 플라타에 있는 카스트로 사령부 턱밑까지 좁혀 왔다. 포위망 밖에 있던 '7월 26일 운동'의 다른 부대들은 시에라 크리스탈의 라울 부대만 빼고 모두 철수했다. 탈영병 숫자가 늘고 있었고 포위망은 풀리지 않았다. 그러나 바티스타 정부군의 공격은 이제 세 달째 계속되고 있었다. 정부군의 3분의 2가 징집병이었다. 일부는 반란군 편으로 넘어왔다. 남은 병사들도 지쳐 있었고, 많은 병사들이 부상당했으며, 그들은 올리브색 복장의 남자들[게릴라들] 말고도 지형(地形)이라는 적과 싸우고 있었다. 게릴라들은 총을 쏘다 말고 메가폰으로 선무방송을 했고, 그러면 그 소리가 골짜기를 타고 메아리쳤다. 정부군의 사기저하야말로 반란군의 최대 동맹 세력이었다.

라울의 부대가 미국인 46명을 인질로 붙잡았을 때 카스트로는 그다지 기뻐하지 않았다. 일주일 남짓 계속된 인질 석방 협상 기간에 라울의 부대는 재충전할 수 있었다. 그러나 그 때문에 미국의 여론을 자신에게 유리하게 끌어가려던 카스트로의 신중한 노력이 헛수고로 돌아갔다. 예컨대, 그달 초에 카스트로는 카라카스에서 쿠바의 다른 반정부 조직들과 협약을 맺었지만, 쿠바 공산당은 배제했다. 사실, 당시 산속에는 카스트로와 협의 중이던 공산당원들이 있었지만 카스트로는 그 사실이 알려지지 않도록 각별히 신경을 썼다. 이 사실을 알게 된 게바라는 당혹스러웠다. 카스트로는 자신의 계획을 게바라와 상의하지도 않았던 것이다.

7월 말 사태의 흐름이 바뀌기 시작했다. 반란군은 바티스타 군대의 병사들을 다수 생포했고 몇몇 중대를 포위하고 공격했다. 8월 7일 정부군이 산 아래로 이동하고 — 또는 무너지고 — 있었다. 며칠 뒤 간헐적인 공습이 재개됐지만, 반란군은 살아남았다.

잠시 동안 형성된 유리한 국면을 이용해 동부에서 두 번째 전선을 형성하고 전투 범위를 확대하는 것이 꼭 필요한 과제였다. 그 과제가 게바라에게 맡겨졌다. 그리고 이 때문에 그의 명성은 반란군 사이에서 전설이 됐다. 카스트로가 이 과제를 게바라에게 맡긴 것은 이 아르헨티나인에 대한 호감과 존중의 표시였다. 그러나 두 사람이 군사 전략에 대해서 완전히 견해가 같았을지라도, 그리고 도시에서 활동하는 '7월 26일 운동'의 일부 조직원들에 대한 의심을 공유하고 있었을지라도, 둘 사이에는 차이점들이 있었고 그것들은 나중에 두 사람이 [혁명] 정부에서 일할 때 다시 나타나게 된다.

이런 차이점들은 미국과 쿠바 공산당에 대한 두 사람의 태도에 집중돼 있었다. 카라카스 협약이 분명히 보여 주는 것은 카스트로가 미국 정부와 바티스타의 관계 악화를 핵심 변수로 생각했다는 것 — 그리고 미국 내의 보수주의자들이 '7월 26일 운동'을 공산주의 조직으로 여길 수도 있는 가능성을 카스트로가 재빨리 차단하려 했다는 것 — 이다. 그래서 공산당을 카라카스 협약에서 배제했으며, 라울에게 인질들을 빨리 풀어 주라고 했던 것이다. 그 이후 카스트로가 일부러 혁명적 민족주의자 행세를 한 비밀 공산당원이었는지 아닌지를 둘러싼 논쟁이 끊이지 않았다. 사실, 카스트로와 공산당의 관계는 그때나 그 이후 혁명 정부 시절이나 원칙적인 것이 아니라 실용적인 것이었다. 아주 오랫동안 그 관계는 위태위태했고 껄끄러웠다.

반면 게바라는 여러 측면에서 쿠바 공산당을 신랄하게 비판했지만 자기 자신을 공산주의자로 묘사했다. 그는 소련을 지지했고 쿠바의 미래를 동구권 나라들과의 관계 속에서 전망했다. 그러나 혁명이 진전하면서 게바라는 점차 소련 모델을 비판하게 된 반면, 카스트로는 쿠바 공산주의의 지도자이자 상징이 된다.

그러나 이 시점에서 공산당원들에 대한 게바라의 공감은, 그의 개인적 특성과 함께, 카스트로가 맡긴 과제를 수행하는 데서 핵심이었다. 게바라는 또 다른 전선을 형성하는 긴급한 과제뿐 아니라 에스캄브라이 지역에서 저마다 소규모 게릴라전을 벌이고 있던 몇몇 분파와 조직을 통합하는 과제도 맡았다.

그 결정은 군사 전술의 변화를 알리는 것이었다. 카스트로는 이제 전쟁의 국면이, 신속하게 이동하는 유연한 부대들이 적의 약점을 드러내는 게릴라전 국면에서 몇몇 전선에서 독재 정권의 군대와 교전을 벌이는 진지전 국면으로 바뀌고 있다고 주장했다. 카스트로는 이제 프랑스 혁명가 당통의 구호 — "대담하게, 대담하게, 더욱 대담하게" — 를 자신의 구호로 만들었다. 무장 수준과 동원 가능한 병력 규모를 생각하면 그것은 아무리 봐도 야심만만한 계획이었다. 그러나 핵심 요인들은 군사적인 것이 아니라 정치적인 것 — 마에스트라 산맥에서 정부군의 공세 실패, 워싱턴에 있는 독재자의 정치적 주인들 사이에서 불안감 증대, 부패하고 폭압적인 정권에 대한 대중의 증오 — 이었다. 오리엔테 지방에서는 라울의 부대가 살아남은 것만 해도 일종의 승리였다.

이제 카스트로는 쿠바 섬의 다른 지역으로 '진군'하겠노라고 공개적으로 선언했다. 그리고 이 과제를 완수할 사람은 바로 게바라였다.

1958년 8월 30일 게바라는 쿠바 섬 중부 지역을 향해 출발했다. 그의 동지 카밀로 시엔푸에고스는 쿠바 섬의 서부 피나르 델 리오에서 새로운 전선을 구축하기 위해 82명의 병사들을 이끌고 이미 떠난 뒤였다. 게바라는 1백42명의 병사들을 이끌고 뒤를 따랐다. 그는 중부 지역 라스 비야스 주의 에스캄브라이 산악지대까지 가는 데는 나흘이면 충분할 것이라고 생각했다. 그러나 출발하자마자 재앙이 닥쳤다. 정부군과 전투를 벌이던 와중에 연료 보급 수단과 트럭 두 대를 잃어버렸다. 남은 트럭 두 대는 갑작스런 폭풍우 때문에 진흙탕에 빠져 못쓰게 됐다. 예상했던 나흘은 험난하고 지루한 42일 행군이 됐고 그들은 진흙탕과 비바람을 뚫고 나아가야 했다. 그 '대장정' 기간에 체 게바라의 전설이 생겨났다.

게바라보다 덜 강인하고 덜 단호하며 주변 사람들한테서 덜 존경받는 사람이었다면 과연 이 고난의 강행군을 완수할 수 있었을지 의심스럽다. 게바라가 이끌던 병사들은 강인한 전사들이 아니라 경험이 거의 없는 나이 어린 학생과 농민 등 신병들이었다. 그가 그들을 이끌고 산과 늪을 지나 3백 킬로미터의 고된 행군을 한 것은 그의 권위와 모범을 보여 주는 증거다. 그러나 게바라는 비타협적이기도 했다. 그는 나약함을 용서하지 않았고(이 점은 이미 미나스의 게릴라 훈련소에서 신병들을 대한 태도에서도 분명히 나타났다) 자신의 명령을 받은 사람이 실수를 하거나 잘못 판단했을 경우에도 가차없었다.

그는 부하들의 잘못을 참을 수 없었다. 그는 그들을 야단치고 모욕하고 처벌했다. …… 점잖은 (그리고 고결한) 게바라는 항상 몇 시간 또는 며칠 뒤에 사과했다. 그리고 그는 자신에게 강요하기 싫은 일은 결코 부하들에게도 요구하지 않았다. 그러나 이런 추상적인 자질들은 현실 세계의 사람들을 짜증나게 만들었다. 다른 사람들에게는 게바라와 같은 사명감·지성·의지력이 없었던 것이다.[74]

그러나 다른 사람들은 그런 자질들을 정말로 존경했다. 그리고 불리한 객관적 조건을 극복하기 위해 그런 자질들에 의존했다. 그 덕분에 게바라는 위대한 군사 지도자가 될 수 있었다. 그리고 분명히 이런 도전들, 이런 극단적 요구들 때문에 그는 개인적으로 가장 큰 성취감을 얻을 수 있었다. 예컨대, 흥미로운 것은 게바라가 이 시절에 쓴 일기에는 천식 이야기가 전혀 나오지 않는다는 것이다. 당연히 천식이 악화될 수 있는 상황이었는데도 말이다. 마치 아드레날린이 샘솟는 것처럼, 당시의 흥분은 그의 천식을 충분히 억제했다.

> 적을 분명히 확인했고, 상황도 분명했으며, 동지들은 완전히 헌신적이었다. 그는 오히려 평온을 느꼈으며 자신의 천식을 치료할 수 있는 최고의 약은······ 화약 냄새라는 사실을 깨달았다.[75]

이것은 게바라가 카스트로의 전폭적인 지지를 받아 독자적으로 진두지휘를 할 수 있는 최초의 기회였다. 그의 이타심과 불굴의 용기는 이 중요한 과제를 완수할 수 있게 만든 보증수표였을 뿐 아니라 그 지역의 다른 조직들도 쉽사리 획득할 수 있게 만들었다. 카스트로는 그것을 침공이라고 묘사하며 호언장담했다. 그러나 사실 그가 기대할 수 있는 가장 중요한 성과는 오리엔테 주의 포위망을 벗어나 섬의 중부 지방에 이르는 것, 그리고 수도 아바나 주변 지역에 주둔지를 구축하는 것뿐이었다.

게바라는 이것을 이뤄냈다. 그 진군을 훨씬 더 극적으로 만든 것은 그 지역 군 사령관인 수아레스 수케트 중령이 게바라의 공산당 가입을 입증하는 문서들과 함께 게바라를 수중에 넣었다고 거듭거듭 선언한 것이었다.

그 악몽 같은 진군이 끝난 것은 1958년 10월 16일이었다. 이제 게바라는 두 가지 긴급한 과제에 직면했다. 첫째는 에스캄브라이 산지에서 서로 싸우는 분파들의 목적을 통일시키는 것이었다. 둘째는 바티스타가 11월 3일 치르겠다고 선언한 총선의 보이

콧을 조직하고 격려하는 것이었다. 그 선거는 실제로는 미국이 바티스타에게 강요한 것이었다. 미국은 바티스타를 대체할 수 있는 만족할 만한 부르주아적 대안을 찾고 싶었고 그가 쿠바 국민들의 불만을 누그러뜨릴 수 있는 제한된 변화를 추진할 수 있기를 바랐다. '7월 26일 운동'이 반정부 운동에 대한 정치적 지배력을 계속 유지할 수 있으려면 그 선거가 제한적이며 근본적으로 사기라는 본질을 폭로하는 것이 긴급한 과제였다.

이런 과제들을 수행하는 첫 단계에서 게바라는 유능함과 정치적 독립성을 입증해 보였다. 에스캄브라이에서는 2년 전 바티스타 암살을 기도했던 '7월 26일 운동'의 도시 조직에서 갈라져 나온 두 부대가 서로 싸우고 있었다. 게다가 그곳에는 쿠바 공산당 산하 조직도 있었다. 처음에 게바라와 접촉한 것은 공산당원들이었다. 그들은 '라스 비야스 사회주의 청년'이라는 조직을 이끌었던 26세의 청년 오비디오 디아스 로드리게스를 통해 게바라와 접촉했다. 게바라의 명성을 익히 들었던 오비디오는 이미 전설이 돼 버린 사람을 만난 자리에서 흥분을 감추지 못했다.

그는 게바라가 개방적이며 우호적이라는 사실을 발견했는데, 이 점은 게바라와 함께 선전·통신 활동을 하기 위해 파견됐던 다른 주요 공산당(PSP) 간부도 마찬가지였다. 게바라는 일반적으로 공산주의에 대해서는 우호적이었지만, 특별히 쿠바 공산당에 대해서는 그렇지 않았다. 그는 공산당에 대한 카스트로의 뿌리 깊은 불신을 받아들였는데, 그런 불신은 '7월 26일 운동' 조직원들 다수가 공유하고 있었고, 폴란드계 젊은 엔지니어 출신으로 게릴라 부대를 이끌고 있었던 엔리케 올투스키가 특히 그랬다. 그는 게바라가 상크티 스피리투스 시의 은행을 털자고 했을 때 찬성하지 않았지만 게바라와 함께 활동하는 것은 아주 좋아했다. 그러나 공산당원들과 함께 활동하기는 거부했다.

이 적대적인 조직들을 단결시킬 방안을 모색하면서도 게바라는 11월 선거를 앞두고 군사 활동을 시작하는 것이 더 긴급한 과제라는 점을 깨달았다. 그러나 그 지역의 사령관으로서 그가 처음으로 한 행동은 마에스트라 산맥에서 이미 카스트로가 선포한 혁명 법률에 따라 토지 개혁 포고령을 내린 것이었다. 이 단계에서 그것은 근본적으로 선전 활동이었다. 반란군이 장악한 토지 규모가 얼마 안 됐던 것을 생각해 보면 분명히 그렇다. 그러나 그것이 얼마나 멀리까지 나아가야 하느냐에 대해서는 의견이 달랐다. 카스트로는 토지 개혁이 바티스타 소유의 토지와 그 지역의 다른 유휴지를 재분배하는 정도에서 그쳐야 한다고 생각했다. 게바라는 토지 개혁이란 대토지를 무상 몰수하고 지대 납부를 즉각 중단하며 그 토지를 재분배하는 것이어야 한다는 생각을 굽히지 않았다. 공산당은 게바라의 의견에 동의했다.

공산당과의 관계는 긴장과 껄끄러움의 연속이었다. 어쨌든 공산당은 '7월 26일 운동'의 무장 투쟁 전략을 '모험주의'라고 비난한 바 있었다. 그러나 카스트로는 모종의 연계를 만들어 내는 데 분명히 관심이 있었다. 동생 라울은 공산당과 아주 가까웠으며, 에스캄브라이에서는 게바라가 공산당과 함께 활동하고 있었다. 그러나 카스트로의 최측근들은 이런 모험적인 조치들에 대해

깊이 불신하고 있었으며, 공산당 대표 카를로스 라파엘 로드리게스를 기지에서 쫓아내라고 카스트로를 설득했다. 게바라는 이에 동의하지 않았고, 라스 비야스의 기니아 공격을 준비하고 있을 때 공산당은 동참하기로 한 반면 디렉토리오는 동참하기를 거부했다. 현지 부대들 간의 반목과 경쟁은 여전했다.

게바라는 어느 쪽도 편들지 않았다. 그는 일련의 소규모 작전들을 시작했지만 다른 조직들은 참가하지 않았다. 그는 전국의 운동을 조정하려는 전략적 구상을 갖고 왔었고, 상이한 분파들과 하나씩 협정을 맺어 나갔지만 전반적인 지휘권은 여전히 자신이 갖고 있었다. 12월 초에 디렉토리오와 페드레로 협약이 체결됐다.

11월 3일 선거의 대규모 기권 사태는 전사들의 투지를 더 강화시켜 주었고, 일련의 작지만 소중한 성공들은 자신감을 더욱 증폭시켰다. 교통의 요지와 도로를 빈번히 차단했고, 포로들을 붙잡았으며, 무기들을 노획했다. 게바라가 장악한 지역 내부의 조정, 그리고 그 지방 북부에 있는 카밀로 부대와 게바라 부대 사이의 조정은 성공을 거두고 있었다. 그리고 이 와중에 게바라는 새 연인을 만났다. 엘 페드레로에 피신해 있던 22세의 활동가 알레이다 마치가 게바라의 반려자가 되고 둘 사이에서는 네 아이가 태어나게 된다.

바티스타의 처지에서 보면, 11월 선거는 종말의 시작이었다. 투표율은 겨우 30퍼센트였고, 어떤 곳에서는 10퍼센트밖에 안 됐다. 대중이 독재자를 거부한 데서 에스캄브라이 산악지대에 주둔한 게바라 부대가 중요한 구실을 한 것은 분명하다. 그러나 그 뒤의 역사책들이 이런 사건들에서 게바라가 유일한 행위자였던 것처럼 묘사하는 것은 심각한 잘못이다. 사실은 4월 파업의 재앙에도 불구하고 산악지대의 '7월 26일 운동' 부문이 쿠바 섬 중부의 일부 도시와 농촌 지역에서 지지자들의 네트워크를 유지하고 있었다. 예컨대, 한 소규모 담배 공장의 노동자들은 자신들에게 할당된 담배를 판매하고 그 돈을 게릴라들에게 보냈다.[76] 분명히 게바라가 꽤나 공감하고 있었던 디렉토리오 레볼루시오나리오 부대들도 버티고 있었고 그들의 과거 행적에서 생겨난 신뢰를 유지하고 있었다.

카스트로는 이런 연계들이 너무 가까워지지 않을까 우려했다. 그는 항상 디렉토리오를 그의 가장 가까운 정치적 경쟁 상대로 생각하고 있었고, 그래서 불신과 적대감을 품고 있었다. 동시에 카스트로는 공산당과의 연락 채널을 분명히 열어두고 있었다. 전국 지도부에 있는 동료 지도자들이 공산당에 적대적이었는데도 말이다. 디렉토리오와 공산당 사이의 뿌리 깊은 적대감은 분명히 그런 협상을 통해 해소할 수 있었을 것이다. 카스트로는 둘 사이의 거리를 유지하는 데 만족하고 있었다.

그러나 이런 상황 변화의 주요인은 객관적인 것이었다. 선거 실패, 소규모지만 잘 알려진 게릴라 작전의 성공, 바티스타 정권의 야만성 증대, 이에 따른 대중의 소외감 심화가 정권의 붕괴를 재촉했다. 특히 전투를 포기하는 징집병들의 수가 늘고 있었다. 이 점이 분명해진 것은 12월 내내 전투가 계속되고 게릴라 전사들이 쿠바의 네 번째 도시—라스 비야스 주의 주도 산타 클라라—에 점점 더 접근하면서였다.

12월 27일 게바라는 산타 클라라에 근접했다. 그와 카스트로 모두 바티스타의 몰락이 여기서 결정될 것이라는 점을 알고 있었다. 그 점은 독재자도 마찬가지였다. 게바라는 이제 약 3백40명의 병사들을 이끌고 있었다. 바티스타의 군대는 적어도 4천 명은 됐고, 화력을 증강하기 위해 무기를 가득 실은 장갑 열차가 산타 클라라로 오고 있었다. 산타 클라라는 쿠바 섬 중부의 주요 도로와 철도가 만나는 곳이었고, 어떤 의미에서는 아바나로 들어가는 입구였다.(산타 클라라와 아바나 사이에 항구 도시 마탄사스가 있기는 했지만 말이다.)

사흘 동안의 전투는 격렬했고 희생도 컸다. 그러나 결정적 순간에 열차가 도시 외곽에서 멈춰 섰다. 게릴라들이 철도를 파괴했고, 파괴된 철로에서 객차 22대가 전복되고 말았다. 열차에 타고 있던 병사들은 순식간에 항복했다. 그날은 1958년의 마지막 날이었다.

아바나에서는 게릴라들을 저지하기 위한 갖가지 책략들이 난무하고 있었다. 그러나 반역·부패·배반은 고질적인 습관이다. 바티스타는 짐을 싸서 도망칠 궁리를 했다. 그날 밤늦게 그는 자신의 송년회 파티에 참석한 손님들에게 미안하다는 말을 남기고 도미니카공화국행 비행기에 올랐다. 같은 독재자 라파엘 트루히요가 그곳에서 그를 기다리고 있었다.

제9장
권력을 잡다

 1959년 1월 1일 잠에서 깨어난 쿠바인들은 바티스타 없는 새해를 맞이했다. 산타 클라라에서는 장갑 열차에서 쏟아져 나와 항복한 병사들을 지방 민병대원들이 지키고 있었다. 경찰서에는 아직 몇몇 저격수— 바티스타 정권 치하에서 악명 높았던 고문 기술자들로서 어디에도 숨을 수 없었던—가 남아 있었고, 독재자의 경호원들 일부는 도심 호텔에서 버티고 있었다. 그러나 정오 직후 수비대가 항복했고 주민들이 거리로 뛰쳐나와 올리브색 복장의 수염투성이 남자들(로스 바르부도스)을 환영했다. 오후 여섯 시쯤 카스트로가 동부의 산티아고를 함락했다.
 1월 2일 카밀로와 게바라가 각자 부대들을 이끌고 3백 킬로미터 떨어진 아바나를 향해 출발했다. 그들이 진군하는 도로마다 사람들이 쏟아져 나와 박수를 치며 환호했다. 그 순간, 그 도로에서 체 게바라는 시대의 영웅이었고 승리한 게릴라 투쟁의 신화와 같은 상징이었다. 그러나 이튿날 아바나에 입성한 반란군 부대의 지휘관은 카밀로 시엔푸에고스였다. 게바라는 몇 시간 뒤에 어둠을 타고 몇몇 일행과 함께 도착했다. 그러나 그때까지도 카밀로는 게바라 다음 서열의 지휘관으로 행동하고 있었다. 비록 산타 클라라가 함락될 바로 그때 카밀로가 야구아하이에서 거둔 승리가 대단히 중요했지만 말이다. 카밀로도 인기가 많은 인물이기는 했지만 게바라보다 나이가 어렸고, 그의 명성은 영웅적인 아르헨티나인과 비교가 되지 않았다. 게바라의 끈기, 무모한 용기, 자신과 자신의 안전을 완전히 무시하는 태도 등은 이미 전설의 소재가 돼 있었다.

개선 부대의 지휘를 카밀로가 맡아야 한다고 지시한 사람은 피델 카스트로—아직 동부 지방에 있었지만 전반적 전략을 담당하고 있던—였다. 게바라가 카스트로의 권위에 이의를 제기하지 않았다는 것은 그 전해에 이미 여러 차례 드러났다. 그리고 항상 게바라의 마음속에는 어쨌든 자신은 쿠바에 뿌리가 없는 외국인이라는 사실이 자리 잡고 있었다. 평범한 쿠바인들에게 게바라는 무장 투쟁의 물리적 현실, 전사의 특성을 대표하는 사람이었지 정치인은 아니었다.

게다가 다른 문제도 있었다. 게바라가 에스캄브라이 산악지대에서 공산당원들이나 파우레 초몬이 이끄는 디렉토리오 전사들과 연계를 맺은 것에 대해 카스트로는 여러 차례 불편한 심경을 피력한 바 있었다. 그것은 **군사적 승리의 절대적 조건이었다.** 그러나 카스트로의 시선은 정치 권력의 문제에 고정돼 있었다. 카스트로는 승리가 전적으로 '7월 26일 운동'의 작품이어야 한다는 것, 자신이 이끄는 조직이 새로운 쿠바의 유일한 지휘부로 분명히 재조직돼야 한다는 것이야말로 긴급한 과제라고 생각했다. 정확히 1주일 뒤 카스트로가 수도에 도착할 때쯤에는 그가 혁명 쿠바의 독보적 지도자여야 했다.

그러나 여기에 모순이 있었다. 카스트로가 이끄는 '7월 26일 운동'에 대한 관심이 최고조에 이른 것은 바티스타에 대한 승리가 군사적 승리로 보였기 때문이다. 그러나 바티스타가 무너진 것은 게릴라들이 아무리 용감하고 잘 조직됐을지라도 게릴라 공격의 충격 때문만은 아니었다. 워싱턴에 있는 독재자의 주인들이 사실상 지지를 철회했다. [바티스타 정권에 대한] 무기 금수 조처가 시행 중이었다.(비록 바티스타가 다른 데서 무기를 쉽게 구할 수는 있었지만 말이다.) 군대는 결국 해체됐다. 정권이 억압과 폭력을 강화하는 것에 대한 대다수 국민들의 저항과 증오가 있었다. 그리고 쿠바에는 다른 정치 조직들이 있었고, 그런 조직의 지지자들은 마지막 나날들에 중요한 구실을 했다.

카스트로가 이런 사실들을 인정했다면, 그의 당연한 권위가 위태로웠을 것이다. 그리고 그 권위는 대부분 게바라가 한 구실, 특히 마지막 전투 시기에 한 구실에서 비롯한 것이었다. 그래서 카스트로는 게바라에 대해 명백히 모순된 태도를 취했다. 카스트로는 지칠 줄 모르고 정력적인 군사 지도자의 신화를 조장하고, 게바라가 투쟁의 상징이자 해설자가 돼 투쟁의 역사를 장기적인 군사 행동으로 서술하도록 부추겼다. 그러나 그가 게바라에게 맡긴 것은 혁명 후의 정치 체제에서 분명히 부차적인 구실이었다.

게바라가 카스트로의 전략에 얼마만큼 동의했는지, 특히 그 전 몇 달 동안 게바라와 의견이 일치해 함께 행동한 세력들을 배제한 것에 대해 얼마나 동의했는지는 여전히 의문이다. 고려해야 할 점이 하나 더 있었다. 카스트로는 미국의 직접 개입에 빌미를 줄 수 있는 일은 어떤 것이든 하지 않으려 애를 썼다. 게바라는 노골적으로 반제국주의를 드러냈던 반면, 카스트로의 신중함은 잘 알려져 있었다.[77]

게바라는 두말없이 동의했다. 이것은 무엇을 말해 주는가? 첫째, 게바라는 지극히 충성스러웠고 쿠바에서 투쟁하는 외국인으로서 자신의 종속적 구실을 받아들였다. 둘째, 그의 저작들이 보여 주듯이, 게바라는 군사적 고려 사항들이 먼저라고 생각했다. 그는 이것[쿠바 혁명]이 무엇보다도 무장 투쟁의 승리라고 확신했다. 따라서 규율과 지휘 구조가 조직에서 가장 중요하다고 생각했다.

그 때문에 게바라는 산티아고가 새 쿠바의 임시 수도가 될 것이라는 카스트로의 선언을 받아들였고, 아바나에서 자란 젊은 지도자 카밀로가 개선 행렬을 이끌고 콜롬비아의 핵심 군사 시설을 장악하도록 양보하는 한편, 자신은 아바나 만 맞은편의 덜 중요한 카바냐 요새로 갔다. 게바라가 이를 흔쾌히 받아들인 것은 관대하고 사심 없는 행동이었다.[78] 카스트로는 게바라가 주목받지 않기를 원했다는 데 앤더슨은 동의한다. 물론 앤더슨은 쿠바 혁명이 국제적으로 환영받은 것에 대해서는 가장 편견 없는 설명을 하지만 말이다.[79]

게바라가 1월 3일 아침 일찍 라 카바냐로 진군했을 때 그는 방금 항복한 병사들을 모아 놓고 '신식민지' 군대 운운하며 "여러분은 우리에게 행군하는 법을 보여 줄 수 있지만 우리는 여러분에게 싸우는 법을 보여 주겠다"고 조롱했다. 게바라의 당면 과제는 카스트로의 개선 행진과 도착을 준비하는 것, 그리고 '혁명적 보복'을 조직하는 것이었다. 한편 카스트로는 새로운 질서를 창출하기 위해 전속력으로 이동하고 있었다. 대통령직은 온건파 정치인 마누엘 우루티아에게 돌아갔다. 그것은 외국의 여론을 겨냥한 조처였지만 상징적인 것이었을 뿐이다. 내각의 나머지 자리는 모두 다 '7월 26일 운동' 사람들이 차지했다. 그 얼마 전에 게바라와 손을 잡은 초몬과 쿠벨라 등 디렉토리오 지도부는 분노했다. 그들은 아바나로 이동해 대통령궁을 점령했다. 그것은 의미심장한 행동이었다. 왜냐하면 겨우 2년 전에 그들의 지도자와 최상의 투사들이 그곳에서 바티스타를 암살하려다 실패해 죽었기 때문이다. 그들을 찾아가 덜 주목받는 건물로 옮겨달라고 설득한 사람은 바로 게바라였다.

카스트로의 호위대가 아바나에 입성한 것은 1959년 1월 9일이었다. 카밀로와 게바라는 카스트로가 탄 지프차에 올라 그와 함께 움직였다. 비록 그날 찍은 사진들 가운데 가장 유명한 것은 카밀로와 카스트로가 나란히 서서 대화에 몰두하는 모습을 찍은 것이긴 하지만 말이다. 게바라가 찍힌 사진에서 그는 다른 방향을 보며 생각에 잠긴 모습으로 나온다. 게바라의 마음은 카스트로가 자신에게 맡긴 당면 과제 — 라 카바냐에서 혁명적 보복을 실행하는 것 — 에 쏠려 있었는지도 모른다. 혁명 초기의 나날들에 얼마나 많은 사람이 처형당했는지는 확실하지 않지만 십중팔구 (라울이 오리엔테에서 즉결 처형한 70명 외에) 55명쯤 됐을 것이다. 5월까지 그 수치는 약 5백50명으로 늘어났다. 이들은 고문기술자, 경찰 끄나풀 등 바티스타 경찰 국가의 가장 충직한 하수인들이었다.

혁명 초기의 흥분과 소음이 끊이지 않던 아바나에서 이들의 죽음을 애도한 사람은 아무도 없었다. 거리에서 사람들은 이미 그들 자신의 복수를 감행하며 노래하고 춤추는 등 열광의 도가니를 연출하고 있었다.[80] 게바라의 엄격함은 이미 반란의 과정에서 거듭 드러났었고, 그는 노골적인 육욕과 방탕이 넘쳐나는 도시의 모습에 분명히 충격을 받았다. 당시 아바나는 게바라가 대다수 농민 병사들과 마찬가지로 전에 경험하지 못했던 자유와 해방의 상징이었다. 그가 분명히 우려한 것은 그런 분위기에 영향을 받은 병사들이 그 항구 도시의 술집과 유곽으로 사라져 버리는 것이었다. 그러나 그는 얼마 전까지만 해도 죽음을 눈앞에 두었던 전사들에게 그런 행동을 금지하는 것은 현명하지 못하다는 사실을 그 전의 경험을 통해 알고 있었다. 그가 선택한 대안은 요새 안에서 일종의 대규모 합동 결혼식을 치러 젊은 병사들이 억제할 수 없는 성욕을 합법적으로 표출할 수 있도록 해 준 것이었다.

보복의 욕구와 광란의 정서가 결합된 것은 겉보기처럼 모순된 것은 아니다. 사람들이 자유를 얻은 것을 축하한 것과 꼭 마찬가지로 그들은 전에 자신들의 자유를 박탈하고 억압한 자들을 비난했다. 처형당한 사람들이 대부분 국민을 상대로 끔찍한 범죄를 저지른 자들이라는 점은 의심의 여지가 없었다. 오히려 이것은 더 자의적이고 통제할 수 없는 혁명적 군중의 보복을 억제하는 방식이었다고 주장할 수도 있을 것이다. 그리고 적어도 첫날에는 그 과정이 신속하고 무자비했을지라도 그것은 변론 기회 보장 등 일관된 절차와 규칙에 따라 진행됐다.

어쨌든 게바라는 자신이 기꺼이 떠맡은 책임을 피하려 하지 않았다. 그는 산악지대에서 도망병들을 총살한 경험이 있었고 밀고자들을 사형시켜야 한다고 주장했었다. 규율과 복종을 최우선 필수 사항으로 여기는 정치 방식의 틀 안에서 이것은 일관된 것이었다. 그러나 이제 무장 투쟁은 끝났고, 새 국가의 강화는 다른 문제들을 제기했다. 국가 발전과 독립을 위한 정책들은 초기 문서들에서 미숙하게나마 제시된 반면, 민주주의와 평등의 문제는 새 쿠바의 지도자들을 압박하고 있었다. 그런 문제들은 새 사회 건설의 우선 과제들이어야 했으며, 게바라가 보기에—아직 카스트로의 견해는 아니었을지라도—새 사회는 사회주의 노선을 따라 건설돼야 했다.

즉결 심판은 머지않아 중단됐지만, 그것은 해외 여론의 압력, 특히 미국의 압력에 대한 반응이었다. 그 이후 구체제의 하수인들은 스포츠 경기장에서 혁명의 법 테두리 안에서 재판을 받았고, 그 책임은 이제 게바라의 손에서 벗어났다.

게바라는 다른 압력을 받고 있었다. 1월 9일 게바라의 부모님이 아바나에 도착했다. 아들의 성공을 확인한 그들의 기쁨은 희색이 만면한 사진들에 분명히 드러나 있다. 그러나 그들은 또 게바라가 가혹한 보복을 집행하는 구실을 맡고 있는 것과 그의 메시아적 열정을 보면서 우려하기도 했다. 그들은 게바라의 연인 알레이다를 만났다. 1월 말에는 약간 불편한 만남이 있었다. 페루 출신의 게바라 아내 일다와 그들의 세 살짜리 딸 일디타가 아바나에 도착해 게바라의 새 가정을 발견한 것이다. 이상하게도 게바라는 상대적으로 덜 위험한 이런 상황을 꺼렸고, 그래서 측근을 대신 보내 일다를 만나 상황을 설명하게 했다!

1월 12일 천식이 매우 악화된 게바라는 타라라의 해변으로 요양을 떠났다. 거기서 그는 4개월 동안 거의 누워 있다시피 했다. 그는 아바나에서 겨우 15킬로미터 떨어진 곳에 있었지만, 공식 정치의 테두리 밖에 있었다. 그러나 상황은 모순적이었다. 왜냐하면 그는 분명히 정치적 지도부를 건설하는 과정에서 멀어져 있었지만, 많은 점에서 새 쿠바의 정치적 이데올로그였고 가장 상징적인 대표자 가운데 한 명이었기 때문이다.[81]

혁명의 초기에는 세 가지 측면이 있었다. 첫째, 새 국가 권력의 강화. 둘째, 새 정부 정책들의 발전. 왜냐하면 그 전 2년 동안 전략적으로 생각했던 것 중에서 실현된 것이 별로 없었기 때문이다. 셋째, 쿠바 혁명이 라틴아메리카 전역과 세계 전체에 미친 영향.

혁명 쿠바는 인구 약 8백만 명의 작은 섬나라였다. 외화 소득의 거의 전부를 설탕에 의존하고 있었고, 그것도 전량 미국으로 수출하고 있었다. 쿠바는 제조업 생산 능력이 거의 없었고, 대부분의 소비재, 기계류, 석유와 에너지 공급, 관광 소득을 미국에서 얻고 있었다. 따라서 미국과의 관계는 쿠바의 과거와 미래에서 결정적 요인이었다.

게바라는 미국이 여전히 주적이며 제국주의 강대국으로서 달리 행동할 수 없을 것이라는 점에 대해 확고했다. 카스트로도 그런 견해를 공유했지만, 미국이 쿠바와 직접 대결하는 방식으로 행동하지 않도록 막아 줄 수 있는 지지자들이나 동조자들을 미국 내에서 찾고 싶어 했다. 그 때문에 (적어도 몇 달 동안) 카스트로 자신이 아니라 마누엘 우루티아가 쿠바 대통령이었던 것이다. 몇 달 안에 카스트로는 라틴아메리카를 여행하고 미국으로 가서 쿠바를 지지하는 여론을 불러일으키려 했다. 그러나 그때쯤에는 쿠바 내의 상황이 바뀌고 있었다.

게바라는 타라라에서 요양만 하고 있지는 않았다. 새 국가의 주요 인물들과 여러 차례 토론하며 준비하고 있었다. 그들의 목적은 새로운 국가 안보 체제를 만들어 내는 것, 경제 정책들을 발전시키는 것, 쿠바와 다른 라틴아메리카 나라들의 관계를 형성하는 것이었다. 공산당원들도 점차 그 토론에 참가했다. 그들은 게바라의 권유로 카스트로에게 영향을 미치기 시작했다.

쿠바 국가 보안 기구 G-2가 재빨리 조직됐고, 에스캄브라이 시절부터 믿을 만한 협력자였던 라미로 발데스가 G-2를 관장했다.[82] 다른 라틴아메리카 혁명가들과 연락망이 확립됐고, 많은 라틴아메리카 혁명가들이 쿠바에 와서 혁명적 열정의 분위기에 취했다. 아마 가장 긴급한 것은 쿠바의 경제 정책에 대한 논의였을 것이다. 왜냐하면 미국의 태도가 바뀌지 않았다는 것은 누가 봐도 분명했기 때문이다.

어쨌든 1959년 당시는 여전히 냉전의 시기였다. 미국은 세계 열강의 지위를 확립했고 전 세계에 대한 정치적·군사적 개입을 소련과의 대결이라는 측면에서 정당화하고 있었다. 민족 자결이나 자율적 발전을 위한 노력은 모두 이런 대결의 일부로 간주됐다. 그래서 미국은 레바논·이란·과테말라 등지에 개입했다. 그러나 엄청난 군사력에도 불구하고 라틴아메리카 전역에서 미국이 독재 정권들을 후원한 것 때문에 분노와 저항이 끊이지 않았다. 1958년 넬슨 록펠러의 라틴아메리카 순방 당시 그는 가는 곳마다 항의 시위에 부딪혔다.

이런 상황에서 쿠바 혁명과 바티스타 정권 전복은 아바나 거리에서와 마찬가지로 라틴아메리카 전역에서 열렬한 환영을 받았다. 바티스타는 여러모로 군사 독재자의 전형이었다. 대다수 라틴아메리카 나라들에는 바티스타와 비슷한 독재자들이 있었으며, 그들은 모두 미국의 지지를 받고 있었다. 북아메리카인들[미국인들]이 군사적·경제적 힘을 오만하게 과시한 지 10년 뒤에 쿠바가 그 거인의 약점을 보여 주었다. 그 괴물 같은 제국에 맞서 싸울 수 있으며 미국이 선호하는 대리인도 거꾸러뜨릴 수 있음을 보여 준 것이다. 그런 메시지가 이제 한 세대의 반제국주의자들을 사로잡게 된다.

미국에서도 쿠바 때문에 미국의 세계적 구실을 둘러싼 논쟁이 공공연하게 벌어졌다. 미국 권력을 비판해 온 사회학자 C 라이트 밀스는 미국 정부에 경고를 보내,[83] 자유를 거부당한 국민들은 자유를 위해 투쟁할 것이라고 주장했다. 쉬어와 제이틀린[84] 같은 사람들은 사뭇 다른 정치적 시각에서 비슷한 경고를 보냈다. 그들은 발전과 진보를 바라는 정당한 요구들은 원래 공산주의적인 것이 아니지만 이런 기본적인 인간의 열망이 거부당하면 해방 운동들이 좌경화하고 공산주의화할 것이라고 주장했다. 물론 이런 목소리들은 무시당했다. 미국 대통령 아이젠하워는 냉전 전사였고, 악명 높은 부통령 리처드 닉슨은 그보다 한술 더 떴다.

미국 정부를 지배하는 강력한—군사적·경제적—이익집단들은 그런 교훈들을 충분히 이해했지만, 그들의 대응은 새 쿠바 정권을 무너뜨리고 파괴하기 위해 모든 수단을 총동원하는 것이었다. 잠시 그들이 약간 주저하는 것처럼 보이기도 했지만, 이미 국무부와 CIA 요원들은 이 새 정부가 정치적 독립을 훨씬 뛰어넘는 목적에 몰두하고 있다고 비난하고 있었다. 그리고 이런 분석의 핵심에는 체 게바라라는 인물이 있었다. 그들이 보기에 게바라는 교활한 카스트로보다 더 분명한 공산주의자였다. 게바라는 요양을 위해 뒤로 물러나 있을지 모르지만 그는 여전히 핵심 정치 세력이라는 것이 그들의 견해였다. 그리고 아마 그들의 견해가 옳았을지 모른다.

에스캄브라이에서 게바라가 불러 모은 사람들 가운데 일부가 이제 타라라에 다시 모여 정책을 토론하고 있었다. 그리고 라틴아메리카인들도 모여들어 저마다 자기 나라에서 혁명을 일으키는 문제를 논의하고 있었다. 물론 그것은 럼주를 마시고 시가를 피우며 벌이는 또 다른 정치 토론에 그친 것은 아니었다. 그들은 정말로 혁명을 일으킨 사람과 대화하기 위해 찾아온 것이었다. 그리고 그의 말에는 성공한 혁명가의 엄청난 권위와 무게가 실려 있었다. 이 점에 대해서는 이론의 여지가 없었다. 그들은 배우기 위해 찾아온 것이었다.

1959년 첫 몇 달 동안 카스트로는 새 국가의 틀을 짜고 있었던 반면, 게바라는 그 이데올로기를 만들고 그 역사를 저술하고 있었다. 그 과정에서 게바라는 자신의 재능을 이용해 최근의 경험을 단지 묘사하기만 한 것이 아니라 본받아야 할 모델이자 방법으로서 그 경험을 옹호하고 있었다. ≪게릴라전≫과 ≪쿠바 혁명 전쟁 회고록≫은 군사적 지침서일 뿐 아니라 정치적 지침서이기도 했다. 그 책들의 영향력은 그 뒤 10여 년 동안 라틴아메리카에서 벌어진 모든 주요 혁명적 투쟁에서 분명히 드러난다. 그 결과는 대부분 재앙으로 끝났다.

쿠바의 경험에 대한 게바라의 해석은 카스트로의 정치적 견해를 반영하고 강화해 주었다. 게바라가 1960년에 쓴 ≪게릴라전≫은 다음과 같은 유명한 말로 시작한다. 쿠바 혁명은 "사람들이 자신들을 억압하는 정부에 맞서 게릴라전이라는 수단을 통해 자신들을 해방시킬 수 있음을 분명히 보여 주었다." 더 나아가 그는 쿠바 혁명의 "세 가지 주요 교훈"을 끌어냈다.

(1) 인민의 군대는 정규군에 맞서 싸우는 전쟁에서 승리할 수 있다.

(2) 혁명을 일으킬 수 있는 모든 조건이 존재할 때까지 항상 기다릴 필요는 없다. 봉기가 그런 조건들을 만들어 낼 수 있다.
(3) 아메리카의 저개발국들에서는 농촌이 무장 투쟁의 주요 무대다.[85]

이런 이론에 따르면 혁명을 일으키는 것은 혁명가들이다. 그리고 그들이 혁명적 상황도 만들어 낸다. 이런 견해에서는 성공과 실패를 좌우하는 주요인이 전투 기술, 용기, 영웅주의다.

이런 정치적 방법을 새로운 종류의 국가를 건설하는 과업에 적용하면, 지도자들의 의지가 그런 국가를 만들어 내고 유지한다고 가정하게 된다. 그리고 국가와 사회의 관계는 상명하달 관계라고 가정하게 된다. 게릴라 투쟁의 본질, 그리고 게릴라 투쟁의 지도부가 카스트로 휘하의 '7월 26일 운동'이라는 사실은 혁명 전쟁 과정에서 어떤 대중 조직이나 노동자들의 자기 방어 기관도 성장하지 못했다는 뜻이기도 했다. 그것은 생활과 정치 문화의 중심지에서 멀리 떨어진 곳에서 진행되다 결판이 난 전쟁의 필연적 결과였다. 1958년 총파업이 실패한 뒤 '7월 26일 운동'의 도시 기반이 무너지자 산악지대 밖에서 운동을 건설할 수 있는 한 가지 가능성이 사라졌다. 공산당이 노동조합 운동을 지배하고 있었기 때문에 무장 투쟁과 함께 발전할 수도 있었을 또 다른 대중 운동 영역도 배제됐다. 카스트로와 공산당 사이에 항상 끊이지 않았던 갈등(얼마 전부터 화해 노력이 있기는 했지만)을 생각해 보라. 바티스타 정권이 급속히 무너진 것은 또 다른 저해 요인이었다.

따라서 권력을 잡을 준비가 된 세력은 게릴라 군대 자체뿐이었다. 당연히 이것은 카스트로가 의도한 바이기도 했다. 그러나 그 결정적 결과는 이 혁명 전쟁 이데올로기 안에는 대중의 민주적 참여가 들어설 자리가 전혀 없었다는 것이다.

이것이 혁명적 사회주의 전통에서 얼마나 멀리 나아갔는지, 그리고 **노동자** 혁명의 이론과 실천이라는 마르크스주의의 핵심 사상에서 얼마나 먼 것인지를 강조하는 것이 중요하다. 혁명적 과정에 대한 게바라의 묘사에는 근본적이고 분명한 누락이 있다. 대중은 어디 있는가? 노동 계급의 해방이 곧 사회주의라고 했는데, 노동 계급은 어디 있는가? 마르크스는 이렇게 썼다.

> 혁명이 꼭 필요한 이유는…… 다른 방식으로는 지배 계급을 전복할 수 없을 뿐 아니라 피지배 계급이 오직 혁명을 통해서만 구시대의 낡은 오물을 씻어내고 새로운 사회를 건설하는 데 적합하게 될 수 있기 때문이다.[86]

혁명이 노동 계급의 **자기** 해방이라는 이런 개념은 마르크스의 사상에서 가장 핵심이다. 남들의 이익을 위한 객체였던 대중이 그들 자신의 행동으로 사회를 변혁함으로써 자신의 삶을 지배하게 된다. 그것은 혁명적 마르크스주의의 핵심 원칙이다. 그러나 게릴라전 이론은 이런 사상을 다른 것 — 혁명가들이 더 광범한 계급을 대리해 혁명을 일으킨다는 사상 — 으로 대체한다.

그러나 이런 대표권은 위험하고 일시적인 척도들 — 인기와 환호 — 에만 기초하는, 완전히 자신들만의 주장이다.[87] 그러나 이것은 일상적 투쟁, 정치적 실천을 통해 쟁취하는 지도력, 혁명가들이 대리한다는 계급과의 유기적·민주적 연계에 뿌리를 둔 지도력의 권리와는 완전히 다르다. 게릴라 이론은 혁명가들과 노동자들의 분리를 이용한다.

그러나 1959년 상황에서 이런 사상에는 쿠바 혁명과 가장 영향력 있는 상징 — 게바라 — 의 엄청난 명성과 권위가 스며들어 있었다. 바티스타가 제거된 뒤 '7월 26일 운동'은 쿠바 전역에서 권력을 장악했고 게릴라들을 새로운 민중의 영웅으로 떠받드는 문화를 창출했다.

게릴라 투쟁의 마지막 해를 카스트로와 함께했고 반란군의 신문을 편집했던 언론인 카를로스 프랑키는 이제 그 신문을 주요 일간지로 전환했다. 영웅적인 수염투성이 게릴라들의 초상화가 도처에 등장했고, 정치의 언어는 무장 투쟁의 미사여구를 되풀이했다. 프랑키의 책 ≪산과 평야≫는 산악지대의 진정한 혁명가들과 도시의 화해주의자들·겁쟁이들 — 프랑크 파이스 같은 인물들은 제외하고 — 로 분열된 운동이라는 신화를 굳혀 놓았다. 혁명에 대한 이런 해석은 운동에 대한 카스트로와 게바라 분파의 지배력을 강화해 주었고, 혁명 국가에서 통치권을 어떻게 행사할 것인지를 공산당과 디렉토리오 같은 경쟁 분파들에게 분명히 보여 주었다.

제10장
혁명의 확산

　라틴아메리카 혁명가들과의 토론에서 권유한 것은 이런 가치들과 이런 방식이었다. 그리고 방금 혁명을 승리한 사람들과 누가 논쟁하려 하겠는가? 그들은 아바나로, 게바라가 요양 중인 해변으로 몰려들었다.
　이 청년 혁명가들은 누구였는가? 여러모로 그들의 배경은 게바라나 카스트로의 배경과 그다지 다르지 않았다. 그들은 주로 중간 계급 출신이었고, 그들의 동기는 무엇보다 제국주의에 대한 증오였다. 그들은 대체로 민족 독립과 자결을 가장 중요하게 여긴 민족주의자들이었다. 그들은 대부분 공산당 전통 출신이 아니었다. 라틴아메리카의 공산당들은 노동조합에 완전히 파묻혀 있었고 오래 전부터 혁명 전략을 포기한 채 더 점진적인 사회 변화 전략을 추구하고 있었다. 혁명가들이 혁명의 객관적 조건을 기다릴 필요가 없다고 게바라가 주장했을 때, 그는 공산당들을 에둘러 비판하고 있었다. 게바라가 보기에, 그리고 동시대의 젊은 혁명적 민족주의자들이 보기에 공산당들은 가장 추상적인 미사여구 수준을 제외하면 어떤 급진적 변혁에 대한 희망도 포기한 듯했다.

이 모든 이유 때문에, 새로운 방식과 전략을 찾아 쿠바에 온 사람들은 게바라의 견해에 공감했다. 1959년 6월 마에스트라 산맥 출신의 노련한 전사가 이끄는 원정대가 도미니카공화국에 상륙했다. 그들은 거기서 게릴라 부대를 건설할 생각이었다. 그러나 몇 시간 만에 2백30명이 사망했다. 독재자 트루히요의 군대에게 학살당한 것이다.[88] 아이티에서 몇 주 뒤 비슷한 작전을 전개하려던 계획은 연기됐다. 11월 파라과이에서는 스트로에스네르 독재 정권에 맞서 싸울 게릴라 군대를 건설하기 위해 80명이 아르헨티나 국경을 넘었다. 그들이 파라과이 땅에 발을 들여놓자 총탄이 빗발쳤고 그 와중에 살아남은 사람은 겨우 10명뿐이었다. 그해 초에 로베르토 로메로 — 게바라와 4년 전에 만난 적이 있는 — 가 원정대를 이끌고 니카라과에 들어갔다가 재앙을 당하기도 했다.[89]

게바라가 겉으로 드러나지 않게 하고 있었던 일은 이것뿐이 아니었다. 1959년 초 미국 정보기관의 보고서를 보면, 그가 잘 드러나지 않은 핵심 정치 사상가였다고 시사하는 대목이 나온다. 분명히 그는 주변에 일군의 전문가들 — 그 중 일부는 라스 비야스 작전 당시 에스캄브라이에서 만난 사람들이었다 — 을 불러 모아 새 정권의 정책 쟁점들을 검토하고 있었다. 그 중 일부가 공산당 출신이었다는 사실 때문에 그런 모임과 토론이 극비리에 진행된 것인지도 모른다. 카스트로 자신은 이 비밀스런 모임이 외부에 알려지면 미국이 이를 빌미로 쿠바에 개입하려 들지도 모른다고 우려했다.

그러나 이 초기 몇 달 동안 게바라가 세 가지 주요 프로젝트에 주되게 개입한 것은 의심의 여지가 없다. 첫째는 게릴라 군대를 새 국가를 지키는 상비군으로 전환하는 것이었다. 이 국방의 과제에는 보안 기구 창설도 포함돼 있었는데, 이 또한 게바라의 후원 아래 진행됐다. 토론의 둘째 영역은 경제 문제였는데, 특히 게바라가 1년 전에 주장했던 생각을 바탕으로 토지 개혁 법안을 마련하는 것이었다. 셋째 영역은 혁명의 정치적 방향에 관한 것이었다. 이 점에서 게바라(와 라울 카스트로)는 분명히 '7월 26일 운동'과 공산당이 서로 더 가까워져야 한다고 생각하고 있었다. 피델 카스트로는 훨씬 더 신중했고, 특히 이 사실이 외부에 알려지는 문제에 대해서는 더욱 신중했다. 비록 카스트로가 1958년 내내 공산당 지도자 카를로스 라파엘 로드리게스를 계속 만나고 서로 상의하기도 했지만, 공산당에 대한 카스트로의 오랜 불신은 여전히 남아 있었다. 어쨌든 이 상호 접근은 신중하고 미묘한 문제였다. 비록 게바라는 더 확고한 관계를 선호했지만 말이다.

어떤 의미에서 정치적 논쟁은 다른 영역들에서 더 격렬하게 진행되고 있었다. 특히 토지 개혁 문제를 둘러싸고 그랬다. 단일 작물을 생산하는 농업 경제에서 이것은 분명히 핵심 문제였다. 왜냐하면 그것은 다변화·성장·현대화의 문제를 동시에 다루고 있었기 때문이다.

얼마 전까지의 경험은 두 가지 모델을 추구할 수 있음을 보여 주었다. 하나는 대토지, 특히 외국인 소유의 대토지를 해체하고 그 토지를 소규모 농장들로 분할하는 것이었다. 그리되면 농민 계급이 창출될 것이고, 그들은 약간의 노동력을 고용해 경작할 수 있을 만큼 토지를 보유해 생존할 수 있게 될 것이다. 농민들은 근본적으로 소규모 자본가들이 될 것이고, 그들은 분명히 자본주의 체제의 수혜자들이기 때문에 자본주의 체제에 대해 보수적 태도를 취할 것이다. 쿠바 혁명 이후 미국은 '진보동맹'[1961년 미국과 22개 중남미 국가들이 세운 국제 경제 개발 계획]을 통해 이 보수적인 방식의 토지 개혁을 옹호하기 시작했다. 예컨대, 1964년 칠레에서 이런 토지 개혁이 시행됐다. 물론 대체로 성공하지 못했지만 말이다.

이와 다른 대안은 혁명적 개혁이라고 말할 수 있는 것으로, 대토지를 '집산화'해 집단적인 사회 프로젝트로 운영하는 것이다. 이런 개혁 방식의 특별한 장점은 국가가 토지의 궁극적 관리자가 돼 농업 잉여에서 나오는 소득을 이용할 수 있다―그래서 예컨대 공업에 투자할 수 있다―는 것이었다. 그러나 농민들은 역사적으로 이런 개혁 방식에 반대해 왔는데, 왜냐하면 그 때문에 자신들의 물질적 존재 기반이 파괴됐기 때문이다.

게바라는 분명히 둘째 대안을 선호했다. 1958년 에스캄브라이 산악지대에서 최초의 혁명적 법률이 통과됐을 때 이미 논쟁이 있었고 그 논쟁에서 게바라는 분명히 승리하지 못했다. 이제 그 문제가 다시 불거졌다. 토지 개혁의 목표는 무엇인가? 쿠바인 소유든 외국인 소유든 대토지와 대농장들을 몰수하고 이를 각각 소규모 농장으로 만들어 소농들에게 재분배하는 것인가? 아니면 그런 토지들을 협동농장이나 집단농장으로 전환하고 여기서 설탕이 아닌 다른 것을 생산할 수 있게 하는 것이 목표인가?

그 논쟁의 이면에는 더 큰 문제가 숨어 있었고, 지도부 내의 그 누구보다도 게바라는 그 문제가 혁명의 미래를 좌우하는 핵심이라고 생각했다. 외화 소득의 80퍼센트 이상을 단일 상품 — 설탕 — 에 의존하는 소규모 경제가 어떻게 그 의존성을 탈피할 수 있는가? 한 가지 해결책은 경제를 다변화하는 것이었고, 다른 해결책은 공업을 발전시키는 것이었다.

이 전략적 구상에는 또 다른 요소도 있었다. 혁명에 더 개방적이고 우호적인 국제 환경이었다. 이 모든 것은 긴밀하게 서로 연결돼 있었다.[90] 그래서 게바라는 자신이 쿠바에서 사회주의 사회를 건설하고 있으며 혁명을 쿠바 섬 외부로 확산시키고 있다고 분명히 생각했다.

그는 게릴라전을 수출하면 쿠바 외부에서 돌파구가 마련될 것이라고 믿었다. 그것은 어쨌든 게바라가 말할 수 있는 유일한 정치적 경험이었다. 그는 어떻게 노동 대중이 스스로 혁명을 일으킬 수 있는지에 대한 정치적 이해도 없었고 지식도 없었다. 의미심장하게도 게바라는 새로운 군대를 "쿠바 민중의 전위"라고 설명했다.[91] 이것은 혁명적 사회주의 전통에서 노동자들의 집단적 조직들에 뿌리내린 혁명정당이 하는 핵심 정치적 구실을 군대가 할 것이라는 분명한 선언이었다. 그러나 게바라는 권력 장악 뒤에 새 국가가 노동 계급 대중 조직을 창출한다고 봤다.

첫 번째 토지개혁법이 5월 7일 통과됐다. 그것은 한 달 전 게바라가 토지 개혁 문제를 다루며 한 연설 내용과 거의 비슷했다. 5월 말에 소농들과 무토지 농업노동자들에게 토지를 재분배하기 시작했다. 1960년 1월 정부는 쿠바인 소유든 외국인 소유든 모든 라티푼디아(개인 소유의 대토지들)를 국유화한다고 선언했다. 더 중요한 점은 그런 토지를 소규모 개인 농장들이 아니라 집단농장이나 협동농장으로 전환할 것이라고 카스트로가 선언한 것이다. 이것은 게바라가 에스캄브라이 산악지대에서 주장했고 당시 카스트로가 반대했던 토지 개혁 방식이었다. 그것은 미국과 쿠바 내 미국의 친구들에 대한 도전으로 비칠 것이다.

이것이 왜 그토록 중요했는가? 새로운 소농 계급의 창출은 쿠바가 현대 자본주의 체제 — 생산수단이 사적으로 소유되는 — 를 지향하고 있다는 신호였을 것이다. 협동농장과 집단농장으로 방향을 전환하는 것은 사회적 소유 사상 — 사회의 자원을 모든 사람에게 귀속하고 모든 사람의 이익을 위해 사용해야 한다는 — 에 뿌리를 둔 것이었다. 실제로 이제 국가가 토지 소유자가 됐다.

이미 미국 정보기관들은 한 달 전 미국계 통신회사와 전기회사의 국유화를 쿠바 정권의 공산주의적 성격을 보여 주는 증거로 해석했다. 그리고 그 책임자가 게바라라고 생각했다. 이것이 바로 그달에 카스트로가 워싱턴을 방문했을 때 반응이 그토록 냉담했던 이유였다. 미국 대통령 아이젠하워는 카스트로와 만나는 것을 회피한 채 골프 치러 떠나면서 지독한 반공주의자인 부통령 리처드 닉슨을 시켜 카스트로를 만나게 했다. 카스트로와 만난 닉슨의 보고서 결론은 쿠바는 공산주의 국가이며 따라서 빨리 처리해야 할 대상이라는 것이었다. 반면에 카스트로는 미국을 계속 돌아다니며 자신을 민족주의자라고 소개하고 새로운 쿠바는 옛 주인에게 절대 위험한 존재가 아니라고 주장했다.

미국에서 브라질과 베네수엘라로 날아간 카스트로는 그 나라의 대통령들과 우호적인 외교 관계를 수립하려 했다. 그는 그들이 분명히 잠재적 동맹 세력(나중에 아닌 것으로 판명됐지만)이라고 생각했다. 카스트로는 브라질과 베네수엘라로 가는 도중 잠시 휴스턴에 머물며 게바라와 라울을 만났다. 그들의 대화 내용은 알려진 바가 없지만, 당연히 이 두 급진주의자들은 카스트로가 미국 정부에 지나치게 저자세를 취했다고 우려했을 것이다. 예컨대, 카스트로는 미결 재판이 아직 몇 건 더 남아 있었는데도 쿠바에서 이제 더는 처형이 없을 것이라고 일방적으로 선언했다. 라울과 게바라는 미국 여론에 대한 이런 양보 조치를 끝까지 반대했다.

1959년 6월 2일 게바라는 가장 가까운 친구이자 협력자 가운데 한 사람인 알베르토 카스테야노스의 집에서 알레이다와 결혼식을 올렸다.[92] 그의 서른한 번째 생일 열이틀 전이었다.

결혼 사흘 뒤 게바라가 외교 사절단을 이끌고 몇몇 나라를 순방할 것이라는 발표는—그는 3개월 동안 외국을 돌아다니게 된다—일부 사람들을 놀라게 만들었다.

이것은 카스트로가 흔히 하던 견제와 균형 게임의 일환이었는가? 게바라를 잘 아는 일부 사람들이 시사하듯이, 게바라가 혁명적 과정의 온건화에 화가 난 것인가?[93]

한편으로 그것은 전 세계에서 동맹 세력과 경제 협력자들을 찾고 있던 노력에 딱 맞아떨어졌다. 다른 한편으로 그것은 그 정치적 권위가 너무 커져서 당연히 카스트로 자신의 권위에 도전하는 것처럼 보일 수도 있는 한 사람을 잠시 제거하는 것이었다. 또 그것은 미국에 보내는 제스처로 보일 수도 있었다. 미국의 분위기는 날이 갈수록 신생 쿠바 국가에 적대적으로 바뀌고 있었기 때문이다.

6월 12일 게바라는 순방 길에 올랐다. "이 참에 아예 신혼여행을 떠나라"는 친구들의 성화가 있었지만, 게바라는 알레이다를 데려가지 않았다. 게바라가 혼자 가기로 결정한 것은 그의 엄격함, 혁명의 진전 외에는 다른 목적이 없는 것처럼 보이고 싶어 한 그의 열망을 보여 주는 또 하나의 사례였다. 그 사실을 알게 된 쿠바인들은 당연히 감동을 받았다. 게바라에게 그 여행은 모순된 경험이었다. 그는 이집트·인도네시아·일본·유고슬라비아를 돌아다니며 때로는 좌절하고 때로는 기뻐했다. 그러나 그가 보낸 편지들은 거듭거듭 외로움과 '사명감'을 토로하고 있다.

게바라는 역사적 사명감을 가진 사람, 세계 무대에서 자신의 중요성을 의식한 사람이 됐다.[94] 그러나 그를 만난 사람들은 결코 그가 오만했다고 말하지 않는다. 그가 비록 외교상의 의전(儀典)을 못 견디고, 잠시도 쉬지 않았으며, 끈질기게 물고 늘어지기는 했지만 결코 쌀쌀맞지는 않았다는 것이다. 쿠바산 설탕 구매를 둘러싸고 소련과 벌인 비밀 협상이 아마 그 여행의 가장 중요한 요소였을 것이다. 미국의 비난이 점차 신랄해지고 있었으므로, 이런 협상은 아주 비밀스러워야 했다. 10월 초 소련의 첫 번째 공식 대표단이 쿠바를 방문한 것도 마찬가지였다. 이것은 카스트로가 왼쪽으로 움직이고 있다는 증거였는가? 그것이 카스트로의 또 다른 줄타기 — 더 광범한 약속을 하지 않으면서도 새로운 시장을 찾는 — 였는지 아닌지는 말하기 어렵다.

게바라가 돌아왔을 때, 카스트로가 이끄는 토지개혁청(INRA)이 활동하고 있었다. 새로운 자리 — 토지개혁청의 산업부서 책임자 — 가 게바라를 기다리고 있었다. 정치적으로 그것은 다른 발전들과 일치했다. 무엇보다도 카스트로의 국가 통제력이 더 굳건해졌다.

새 직위는 어떤 의미에서 아주 당연했다. 게바라는 항상 산업 기반을 최대한 빨리 발전시켜야 한다고 주장해 왔다. 그는 그것이 생존의 조건이라고 믿었다. 쿠바의 공장들은 예비 부품의 부족과 외부 시장의 사실상 폐쇄 때문에 심각한 고통에 시달리고 있었다. 고용주 계급의 점진적 탈출이 이미 시작되고 있었기 때문에 투자가 거의 이뤄지지 않았다. 옛 기업주와 전문가 계급들은 자신들의 탈출을 중요한 선전 무기로 여긴 미국의 회유에 넘어가고 국가의 경제 개입에 위협을 느껴 조직적으로 탈출하기 시작했다. 게바라가 토지개혁청 산업부서 책임자를 맡았을 때 청사 건물은 아직 완공되지 않았고 사무실은 텅 비어 있었으며 장비는 형편없었다는 것은 상징적이다. 그러나 게바라는 다시 한 번 카스트로의 부사령관처럼 보였다.

다른 곳에서도 진전이 있었다. 7월에 대통령 우루티아와 그 동맹 세력들이 정부 정책의 좌경화에 항의하며 관직을 사임했다. 카스트로는 총리직을 고사하는 척하다가 7월 26일 아바나에서 열린 기념 집회에서 민중의 의지에 "항복하겠다"며 총리직을 수락해 박수갈채를 받았다. 더 중요한 것은 우베르 마토스 — 오랜 동지이자 주요 게릴라 사령관으로서 게바라가 "오랜 반공주의자들"이라고 묘사한 사람 가운데 한 명 — 도 사임한 것이다. 카스트로는 그를 반역죄로 처벌해야 한다고 주장했으며, 혁명의 지도자들은 그를 처형해야 하는지 아닌지를 둘러싸고 논쟁을 벌였다. 라울은 지금 같은 분위기에서 일체의 반(反)정부 행위는 반역이며 처벌받아야 한다고 주장했다. 다른 사람들은 이견이 곧 반역은 아니라고 주장하며 완강하게 버텼다. 게바라는 동요하는 듯했으나, 처형을 옹호하던 쪽에서 결국 마토스에게 선고된 징역 30년형을 수용하는 쪽으로 옮겨 갔다.

할 일이 아직 부족하다는 듯이 게바라는 11월 말에 쿠바 중앙은행 총재로 임명됐다. 이것은 무엇보다 정치적 임명이었다. 전임 총재들은 분명히 기업주들에게 우호적이었고 카스트로에게

혁명의 확산

적대적이었다. 더욱이 90마일[14.5킬로미터] 거리의 플로리다 해협을 건너는 망명객들이 대거 늘고 있을 때, 중앙은행은 사람과 자원을 마이애미로 빼돌리는 일에 공모해 왔다.

카스트로가 "여기 경제학자(economist) 있소?" 하고 물었을 때 게바라가 '공산주의자'(communist)로 잘못 알아듣고 손을 들었다는 유명한 얘기는 십중팔구 사실이 아닐 것이다. 사실은 카스트로가 달리 선택의 여지가 없었던 것이다. 신생 국가의 지도부 안에서 믿을 만한 동맹 세력은 매우 드물었다. 카밀로는 죽었고 라울은 이제 국방부를 맡고 있었다. 게바라가 경제학과 수학 서적을 읽고 공부한 적은 있지만 경제학자는 아니었다. 그러나 그에게는 중앙은행을 통해 경제에 대한 정치적 통제력을 확립하는 일을 믿고 맡길 수 있었다. 그것이 그의 진정한 과제였다. 그리고 그것은 분명히 중앙집중적 계획 경제를 향한 일보 전진이었다. 비록 아직은 명시적이지 않았지만 말이다. 그 점이 분명해졌을 때, 게바라는 사회주의 경제 조직 방식에 대한 견해 차이를 깨닫게 된다. 그러나 그것은 나중의 일이다.

게바라가 중앙은행 총재에 임명됐다는 소식에 뉴욕 주식시장은 요동을 쳤고, 일부 투자가들은 쿠바에서 돈을 빼내기 시작했다. 그들은 쿠바 정책의 새로운 방향을 봤다. 비록 그것이 생각보다 체계적이지도 조직적이지도 않았지만 말이다. 혁명의 첫해 말에는 군대, 경찰, 경제 기관, 정부 기관에서 구체제의 잔재들이 대체로 사라졌다. 카스트로가 국가와 토지개혁청을 이끌고 있었고, 게바라는 보안 기구와 중앙은행을 통제하고 있었으며, 라울이 군대를 지휘하고 있었다. 미국은 쿠바를 상대로 강경 노선을 채택했다. 경제적 포위망을 좁히면서 동시에 지역 안보 협정을 창설해 쿠바를 고립시켰다. 미국은 라틴아메리카에서 쿠바 혁명의 정치적 반향을 차단하기 위해 재빨리 움직이고 있었다. 미국 정부 내에서 회람된 문서들을 보면, 게바라의 핵심 구실이야말로 혁명의 방향을 보여 주는 증거라는 얘기가 거듭거듭 나온다.

1960년 2월 소련 부총리 미코얀의 쿠바 방문이 촉매제 구실을 했다. 그가 쿠바를 방문한 표면적 이유는 소련 산업 박람회 개최였지만, 물론 다른 의제들도 있었다. 쿠바가 이미 비공식 봉쇄 상태였던 점을 생각하면, 소련은 쿠바산 설탕의 잠재적 시장이자 소비재 공급처였다. 그 관계는 단지 경제적인 것만이 아니라 정치적인 것이기도 했다. 게바라의 경제 고문단은 라틴아메리카 전역에서 온 사람들이었으며, 개인적으로는 공산당원들이기도 했다. 그것은 그들이 공산권에서 실행 중인 계획 개념을 바탕으로 한 경제 발전 전략을 공유하고 있었다는 뜻이다. 그들은 설탕 판매 소득을 공업 발전 자금으로 이용하고 소비에서 생산으로 자금을 전용하라고 권고했다. 이것은 엄격한 수익성 기준을 적용해 고도로 집중화된 방식으로 추진될 것이다. 그러나 게바라의 첫 조처는 정치와 직결된 것이었다. 그는 외환 보유고를 통제했다. 이것은 해외 무역을 모두 중앙은행이 통제하겠다는 신호였다. 비록 그 뒤 1년 동안은 법령으로 포고하지 않았지만 말이다.

미국의 대응은 충분히 예상했던 것이었다. 미국의 가장 중요한 무기는 쿠바의 주요 외화 소득원인 설탕을 미국이 구매하지 않으면 쿠바는 살아남기 힘들다는 사실이었다. 미국은 이제 쿠바의 대토지 국유화를 이유로 설탕 수입 물량을 삭감하겠다고 위협했다. 미국은 또 소수의 쿠바인 망명객들을 무장시켜 쿠바 침공을 준비하게 했다.

1960년 3월 게바라는 이제 막 도착하기 시작한 소련산 석유의 하역과 가공을 미국계 정유회사들에게 요구했다. 정유회사들이 이를 거부하자 쿠바 정부는 그 시설들을 몰수했다. 쿠바에서는 석유가 생산되지 않았기 때문에 달리 선택의 여지가 거의 없었다. 석유 선적은 그보다 한 달 전에 소련과 체결한 상업 협정의 일부였고, 소련은 무엇보다도 쿠바산 설탕의 상당량을 구매하기로 약속했다. 동시에, 그리고 이것이 나중에 결정적으로 중요한 것으로 밝혀지는데, 쿠바는 소련 고문단의 강력한 영향 아래 공동국가경제위원회(JUCEPLAN)를 수립했다. 그 기구는 쿠바가 중앙집중적 계획 경제라는 소련 모델을 지향함을 분명히 보여 주었다.

미국에 본거지가 있는 세력들의 공격과 습격이 점점 더 빈번해지고 있었고, 카스트로는 쿠바 섬을 방어하는 것이 긴급한 과제라고 확신했다. 그러나 무기 구입을 위한 여행들은 효과가 없음이 드러나고 있었다. 예컨대, 영국은 이 잠재적 새 고객에게 뚜렷한 이유 없이 무기 판매를 꺼렸다. 분명히 미국이 압력을 넣고 있었고, 오직 벨기에와 이탈리아만 쿠바에 무기를 공급할 의향이 있는 듯했다. 벨기에 무기를 싣고 온 첫 번째 배가 아바나 항구에서 폭발해 1백 명이 사망하자, 방어 전략의 필요성은 더 절실해졌다. 그래서 1960년 5월 쿠바와 소련은 무기 협정을 체결했다.

상황이 급박해지고 있었다. 아바나는 변했다.

1년 전만 해도 고급 요트 클럽, 개인 해수욕장, 카지노, 유곽 등 미국인들의 행락지였던 도시의 모습은—그리고 백인 전용 거주 지구도—사라지고 있었다. 대형 호텔들의 도박 기계는 여전히 돌아가고 있었지만, 성매매 여성들은 대부분 거리에서 사라졌다.[95]

미국과의 관계는 극으로 치닫고 있었다. 리처드 닉슨이나 CIA 같은 아이젠하워 주변 인사들은 이제 소비에트 진영의 전초기지처럼 보이는 쿠바를 상대로 직접 행동을 해야 한다고 점점 더 노골적으로 떠들고 있었다. 반(反)카스트로 전사들이 미국으로, 특히 마이애미로 몰려들고 있었다. 마이애미는 오래 전부터 쿠바인들이 살았던 곳인데, 이제 쿠바 망명객들이 대거 몰려들고 있었다. 그들은 거의 모두 쿠바 섬에서 미국의 이해관계를 대변했던 자들과 옛 정권의 하수인들, 전문가들과 기업주들이었다.

7월에 미국 의회는 쿠바의 설탕 수입 물량을 삭감하겠다는 위협을 현실화했다. 이에 쿠바 정부는 미국인 소유 자산의 국유화를 확대했다. 동시에 에스캄브라이 산악지대에는 또다시 게릴라들이 나타났고, 그 중에는 게바라의 오랜 동지들도 있었다. 그러나 그들은 혁명에 맞서 싸우고 있었다. 그 반란은 오래가지 않았지만 — 몇 주 만에 그들은 붙잡혀 처형당했다 — 위험은 점점 고조되고 있었다. 1960년 중반 무렵에는 야당 정치 세력과 그 신문들이 대체로 탄압받고 있었다. 미국에서는 쿠바가 점차 대통령 선거전의 주요 쟁점으로 떠오르고 있었다. [민주당 후보] 존 F 케네디는 상대 후보 리처드 닉슨이 쿠바를 상대로 행동하지 못했다고 조롱하며 자신은 대통령이 되자마자 결정적 행동을 취하겠다고 공약했다.

이런 말싸움과 상호 비난은 흔히 논쟁의 핵심에 놓인 진정한 이해관계를 은폐했다. 미국 정부의 지배력이 도전받고 있었다. 지금까지 군사력과 경제력을 결합시켜 세계 정치를 주무르던 독보적 통제권이 도전받고 있었다. 쿠바의 설탕이야 어찌 되든 상관없었지만, 쿠바의 저항은 참을 수 없는 것이었다.[96]

쿠바 안에서는 진정한 정치적 변화가 진행 중이었고, 게바라는 점차 그 중심으로 들어가고 있었다. 예컨대, 노동조합에서는 1년 넘게 전투가 벌어지고 있었다. 혁명 뒤 쿠바 노총(CTC)은 다비드 살바도르를 중심으로 한 '7월 26일 운동' 회원들이 통제하게 됐다. 그 시대 다른 많은 사람들처럼 살바도르도 쿠바 공산당에 지독하게 적대적이었다. 그러나 1959년 말쯤에는 카스트로 자신이 점차 '7월 26일 운동' 회원들의 영향력을 우려하고 있었다. 카스트로는 그들이 근본적으로 보수적이라고 생각했다. 그해 말 공산당과 가까운 새 지도부가 살바도르를 교체했다. 1960년 중반에는 노동부가 직접 나서서 위로부터 노동조합을 조직했다. 노동조합이 국가의 산하 기구가 된 것이다.

제11장
희생과 헌신

1960년 7월 10일 카스트로가 속을 끓이고 있을 때, 게바라는 소련 지도자 흐루시초프와 함께 집회에 참석하고 있었다. 게바라의 연설은 의기양양했고 자신감이 넘쳤다. 그는 혁명적 국가가 이제 세계 2위 군사 강국의 보호를 받고 있다고 말했다. 그가 이렇게 말한 것도 그리 놀라운 일은 아니었다. 심지어 혁명 전에도 게바라는 점차 자신을 공산주의자로 묘사했고, 바티스타 정권 전복 전후의 게바라 주변 인물들도 대부분 공산당원들이었다.

그러나 게바라가 말한 공산주의의 의미는 노동 계급이 스스로 권력을 장악하는 순간이 바로 사회주의 혁명이라고 말한 마르크스의 고전적 공식과는 사뭇 달랐다. 1960년 4월에 출간된 게바라의 책 ≪게릴라전≫은 혁명의 주역들은 혁명가들이며, 그들은 대중 위에서 대중을 대리해 행동한다는 점을 강조했다. 일단 권력을 장악한 뒤에는 혁명적 국가가 이 구실을 떠맡았다. 성공의 핵심은 경제 성장과 다변화, 명료한 지휘 계통이었다. 혁명적 국가는 게릴라 군대의 다른 표현이었을 뿐이다.

이 그림에서 빠진 것은 민주주의, 아래로부터의 통제, 대중에게 직접 책임지는 지도부였다. 그러나 이것은 게바라나 카스트로에게 중요하지 않았다. 그들은 메이데이에 새로운 구호 "혁명 찬성, 선거 반대"를 고안해 냈다.

게바라에게 핵심 문제들은 "희생과 헌신"이었다.[97] 미국과의 긴장은 날이 갈수록 고조되고 있었으며, 카스트로가 한때 간직했던 협상에 대한 생각은 이제 잊혀졌다. 게바라는 항상 제국주의에 대한 비타협적 적대감을 강조했고, 제국주의가 혁명을 결코 허용하지 않을 것이라는 그의 확신은 더욱 강해졌다. 미국은 이미 새 정권에 대한 무장 저항을 노골적으로 지지하고 있었고, 자국의 경제력을 이용해 혁명 쿠바의 기반을 무너뜨리기로 결심을 굳혔다. 이에 맞서 게바라가 당시 저작들과 연설들에서 줄기차게 강조한 것은 소련의 지지와 지원(특히 석유), 쿠바산 설탕 구입에 의존해야 한다는 것이었다.

이 단계에서 게바라는 소련 경제를 본받아야 할 하나의 모델로 여겼다. 왜냐하면 소련이 급속한 농업 집산화에 이어 마찬가지로 급속한 공업화를 이룩했기 때문이다. 지금 우리는 그런 경제 성장이 수많은 러시아 노동자들의 희생을 대가로, 그리고 국가가 공포 분위기에서 노동자들을 착취하는 명령 경제를 강요해 달성한 것임을 안다.[98] 그러나 십중팔구 게바라는 이런 끔찍한 역사를 몰랐을 것이다. 비록 흐루시초프가 1956년 연설에서 스탈린 통치 시절의 가면을 벗기기 시작했지만 말이다. 게바라의 가장 시급한 관심은 공업 발전이었다. 공업 발전은 쿠바 경제의 다른 영역들을 발전시켜 쿠바의 설탕 의존도를 낮추고, 원료와 기계류(원료 생산을 지속하는 데 필요한) 생산을 자극할 수 있을 것이다.

1953년 몬카다 병영 습격 기념일인 7월 26일은 흔히 쿠바의 주요 방향 전환을 발표하는 날이었다. 1960년 [7월 26일] 피델 카스트로의 변함없이 긴 연설의 논조와 내용은 전투적이고 도전적이었다. 처음으로 카스트로는 불의와 억압이 있는 곳이라면 어디든지 쿠바의 경험이 저항과 혁명적 투쟁을 고취하는 데 도움이 될 것이라고 다른 라틴아메리카 나라들에 경고를 보냈다. 물론 그 연설은 라틴아메리카뿐 아니라 미국을 겨냥한 것이기도 했다. 그것은 제국주의자들에 대한 강경 노선을 알리는 것이었지만, 쿠바 내에서 앞으로 벌어질 일을 알리는 것이기도 했다.

무엇보다도 그것은 게바라가 혁명에 미치는 정치적·개인적 영향을 분명히 보여 주었다. 이것은 몇 가지 방식으로 드러났다. 첫째, 반제국주의를 강화하는 것. 둘째, 소련이나 쿠바 공산당과의 관계를 발전시키는 것. 셋째, 급속한 다변화를 점차 강조하는 경제 정책. 넷째, 규율·희생·복종 같은 군사적 요소들을 점차 강조하는 국가의 내부 정책들.

6월에 카스트로가 뉴욕을 방문해 유엔에서 연설했을 때 그의 태도는 1년 전과 사뭇 달랐다. 세 시간 동안 계속된 그의 연설은 최장시간 연설 기록이었으며(비록 그의 가장 긴 연설은 아니었지만) 미국에 대한 도전이었다. 뉴욕에서 쿠바 대표단은 월도프

아스토리아 [호텔]에 마련된 스위트룸(너무 비싸고 거의 틀림없이 도청되고 있었을)을 거부하고 할렘가의 숙소로 이동함으로써 여론전에서 엄청난 승리를 거두었다. 그 덕분에 노동 계급 대중 사이에서 쿠바 대표단의 인기가 크게 높아진 반면, 미국 정부 내에서는 새로운 친구들이 전혀 생기지 않았다. 반면에 다가오는 대통령 선거전의 두 후보(닉슨과 케네디) 모두 이미 "쿠바를 상대로 뭔가를 하겠다"는 결심을 분명히 밝혔다.

쿠바에서는 국가 통제를 강화하는 분명한 조짐들이 있었다. 9월 말 혁명수호위원회(CDRs)의 창설은 아주 분명한 메시지였다. 표면적으로 그것은 국내의 저항, 사보타주, 무장 저항 집단 증가 등에 대한 대응이었다. 그러나 동시에 직접적인 국가 통제의 가시적·조직적 형태였다. 사실, '7월 26일 운동' 지도부가 주도해 만든 다른 많은 조직들과 마찬가지로 그것은 정부의 결정들을 확실히 집행하기 위한 수단의 성격을 띠었다. 혁명수호위원회에서 상향식 의사소통이 가능했거나 그 기구가 지도자들보다는 일반 대중의 이익을 표현했다는 증거는 없다. 노동조합 운동에서도 동일한 변화가 일어났다. 예컨대, 새로운 노총(CTC)은 노동자들의 의사를 정부에 대변한 것이 아니라 정부의 의사를 노동자들에게 대변했다. 쿠바 여성연맹(FMC)도 똑같은 구실을 했다. 모든 국가 기관이 마찬가지였다.

그 시절의 긴장된 분위기에서 ― 소련제 무기를 실은 선박이 처음으로 도착하고, 무장 반군이 감금되고, 미국과의 경제적·정치적 관계가 사실상 단절되고 동시에 미국의 위협이 점차 노골적으로 강화되는 상황에서 ― 지금은 일상적 법규를 적용할 수 없는 긴급 상황이라는 주장은 십중팔구 평범한 사람들에게 엄청난 영향을 미쳤을 것이다. 그러나 그 때문에 결국 사람들은 포위당한 혁명이 민주주의와 투명성이라는 사치를 누릴 수 없다고 생각하게 되거나 적어도 그런 것들을 포기하게 됐다. 40년이 지난 지금도 쿠바 정부와 쿠바 정부를 지지하는 외국인들은 그렇게 주장하고 있다.

혁명에 대한 충성이 가장 중요한 문제이며 혁명의 요구를 지지하지 않는 것은 범죄이므로 처벌받아야 한다고 주장한 사람은 바로 게바라였다. 엄청난 논쟁의 대상이 된 구아나카비베스 노동수용소 ― "혁명의 도덕을 어기고 범죄를 저지른 사람들"에게 중노동을 시켜 교화하는 곳 ― 를 만든 사람도 게바라였다.[99]

반정부 언론들은 폐쇄됐고 혁명 전의 신문들과 잡지들은 폐간됐다. 예컨대, 그해 초 <레볼루시온>의 문화 증보판 <루네스 데 레볼루시온>이 강제 폐간당한 것은 <루네스>에 연루된 일부 사람들이 만든 단편영화 <PM>이 아바나 생활의 퇴폐적이고 쾌락주의적인 측면을 묘사했기 때문이다. 그 영화는 결코 반혁명적인 영화가 아니었다. 물론 동성애를 반혁명적인 것이라고 여기지 않는다면 말이다! 그것은 동성애자 억압의 초기 징후였다. 카스트로는 항상 동성애자들을 1959년 이전의 퇴폐적인 아바나와 동일하게 간주했고, 그 뒤 40년 동안 동성애자 억압은 계속됐다.[100]

쿠바 혁명은 라틴아메리카에서 투쟁을 조직할 때 여전히 엄청난 권위를 누리고 있었다. 이제 게릴라전은 한 세대가 추구하는 모델이었다. 게바라는 혁명가들이 먼저 권력을 장악한 다음에 혁명을 일으켰다고 주장했다. 국가가 명령을 내렸고, 일반 대중은 그 명령을 실행했다.

동시에 게바라는 나중에 중요하다고 생각하게 되는 개념—"새로운 인간"(엘 옴브레 누에보, el hombre nuevo)—을 사용했다. 그것은 이미 1960년 6월 그가 '희생과 헌신'을 주제로 연설할 때 말한 것이었다. 당시 그는 노동자들이 미래의 생활수준 향상을 위해 현재의 물질적 희생을 받아들여야 한다고 주장했다. 나중에 게바라는 물질적 이득에 대한 관심은 자본주의 문화의 표현이며 새로운 사회에서는 지역사회에 봉사하고 혁명에 기여하겠다는 생각 자체가 충분한 보상이라고 강력하게 주장했다. 이것은 특히 사람들이 대가를 바라지 않고 자신들의 시간을 바치는 자발적 노동으로 표현될 것이다. 시간이 흐르자 이 자발적 노동은 점차 무보수 노동 시간의 연장을 강제하는 것으로 바뀌게 되고, 따라서 겉으로 드러나지 않는 불만도 쌓여 갔다.

그것은 흥미로운 주장이었지만, 그 전망은 확신이 아니라 희망에서 나온 것이었다. 한편, 대다수 노동자들은 믿을 수 없는 먼 미래를 위해 자신들의 이익을 희생하라는 요구를 받고 있다고 생각했다. 어쨌든 현실은 쿠바가 자신의 경제적 미래를 스스로 결정할 처지가 아니라는 것이었다. 특히, 쿠바가 자국의 자원과 제품 가격을 통제하는 (소련의) 훨씬 더 강력한 경제적 이해관계에 의존하는 상황에서는 더욱 그랬다. 그런 점에서 상황은

1959년 이전 시기와 별로 다르지 않았다. 1959년 이전에도 쿠바는 자국산 설탕을 구매하고 자국에 필요한 소비재를 판매하는 미국에 의존하고 있었다. 혁명은 국민의 다수가 아주 오랫동안 빼앗겼던 그런 재화들을 이제 구할 수 있게 됐음을 뜻하지 않았다. 오히려 전보다 구하기 힘들어졌음을 뜻했다.

그러나 중요한 성과들이 있었다. 1960년의 문맹 퇴치 운동 덕분에 문맹률이 라틴아메리카 최저 수준으로 낮아졌고,[101] 혁명 초기 몇 년 동안 보건의료 상황을 개선한 덕분에 쿠바는 기초 의료 강국의 명성을 얻었다. 이것들은 모든 사람에게 이로운 사회적 진보였음을 부인할 수 없다. 그러나 그것들은 금세 문제가 됐다. 생산과 새로운 경제 영역들에 자금을 조달하기 위한 자본 축적 때문에 자원을 사회 복지에서 다른 곳으로 돌려야 했다. 게바라의 새로운 의식성 개념은 이 문제에 대한 해결책이었다.

처음에 쿠바인들의 반응은 아주 긍정적이었다. 그러나 게바라의 주장에는 빠진 부분이 있었다. 개입과 참여가 실질적인 것이었다면 그 자체로 목적이 될 수 있었다. 그러나 지도부가 대중에게 충성하겠다는 끊임없는 선언이 진정한 노동자 민주주의를 대체할 수는 없었다. 진정한 노동자 민주주의에서는 대중 조직들이 결정을 내리고 정부가 그런 결정들을 집행한다.

이런 변화들이 일어나고 있을 때 카스트로는 게바라를 시켜 모스크바를 공식 방문하게 했다. 그가 방문했을 때 모스크바에서는 세계 공산당들의 중요한 회의가 열리고 있었다. 그 회의에서는 당시 공산주의의 양대 강국, 즉 소련과 중국 사이의 긴장이

표면 위로 드러났다. 게바라는 열렬한 환영을 받았다. 그는 러시아 혁명 기념일에 소련 지도자 흐루시초프 옆에 서서 행진 대열을 구경했고 소련 관료들의 밀실에 들어갈 수 있는 기회도 얻었다. 그러나 그 모든 환영과 특전에도 불구하고 게바라는 공산당 전당대회 동안 실제로 일어난 일을 전혀 알지 못했던 듯하다.[102]

게바라는 마르크스주의에 공감하기는 했지만, 공산당들의 비밀 생활은 알지 못했다. 그는 소련을 거의 낭만적으로 이해하고 있었다. 그는 스탈린이 "영혼의 기술자들"이라고 묘사한 사람들의 저작들을 많이 읽었고, "긍정적인 영웅들"의 미덕을 격찬한 교훈적인 영화들도 봤다. …… 그는 자신이 보거나 듣거나 약속받은 것을 액면 그대로 믿었다.[103]

게바라가 보기에 그 방문은 대단한 성공이었다. 그는 충분한 예우를 받았고 자신이 "세계 2위의 강대국"이라고 부른 나라의 최고 권력자 바로 옆에 서기도 했다. 물론 그가 본 동유럽은 그가 보고 싶었던 것이었다. 게바라는 정치 생활이나 사회주의 운동의 실제 경험이 없었다. 그 전 2년 동안 그는 주로 기술적 문제들이나 철학 관련 서적들을 닥치는 대로 탐독했다. 한마디로 그는 순진했다.

이상한 것은 그의 순진함이 어떤 의미에서는 그의 매력의 일부였다는 것이다. 특히, 그것이 그의 청렴결백이나 비범한 업무 능력과 결합될 때 그랬다. 그러나 그것은 그가 소련의 의도에 말

희생과 헌신

려들 수 있었다는 뜻이기도 했다. 그리고 열흘 동안 중국과 북한을 방문하고 돌아오는 길에 그는 중국에서 빈곤을 전혀 보지 못했다고 말했다. 대약진 운동 — 단기간에 경제적 후진성을 벗어나 공업 현대화를 이루려던 노력 — 이 만들어 낸 끔찍한 참상을 못 보았다는 것이다. 마찬가지로 그는 소련이나 다른 동유럽 나라들에서도 우려할 만한 것을 전혀 보지 못했다.[104]

게바라의 견해는 소련과 중국·북한 방문 뒤에도 전혀 바뀌지 않았다. 사실, 그의 낙관주의는 더 강화됐고 그것은 귀국 직후 첫 TV 인터뷰에서 드러났다.[105] 소련이 무슨 일이 있더라도 쿠바를 지켜 줄 것이라는 확신 때문에 1961년에 쿠바의 태도는 확실히 강경해졌다. 사실, 소련의 속셈은 쿠바를 중국의 영향권 밖에 두는 것이었다. 그러나 게바라가 비록 공산주의 세계에서 엄청나게 감동을 받은 것은 사실이지만, 쿠바인들이 익숙한 북아메리카의 제품들에 비하면 소련 제품들의 질이 너무 낮다는 것이 게바라의 걱정이었다. 그는 TV 방송에서 이런 문제들을 이야기했다. 동시에 그는 중국에서 감동을 받았다. 그리고 특히 아마 대약진 운동에 감동했을 것이다.

1961년 4월 17일 1천5백 명의 침략군이 쿠바 남부의 플라야 히론, 즉 피그(돼지) 만(灣)이라는 해안에 상륙했다. 미국 정부는 공식적으로 부인했지만, 신임 케네디 정부가 그 침략 작전을 허가했고 CIA가 이를 조직했음이 확실하다.[106] 그 전 몇 주 동안 다양한 집단들이 쿠바 섬으로 침투하고 사보타주 행동들이 더 빈번해지면서 긴장이 고조되고 있었다. 아바나에서 3만 5천 명을 대거 체포하고 전국적으로는 그보다 거의 세 배나 많은 사람들을 체포했으며 그 중 일부는 즉결 처형하기도 했지만, 침략 1주일 전 아바나의 주요 백화점 한 군데에서 폭발 사고가 일어났다. 4월 15일에는 쿠바 공군기로 위장한 비행기 두 대가 산티아고와 아바나를 폭격해 7명이 죽었다.[107] 분노한 카스트로는 이튿날 추모 연설에서 처음으로 쿠바 혁명을 '사회주의' 혁명이라고 공개 선언했다.

그 무장 침략은 재앙이었다. 쿠바 민병대가 신속하고 용감하게 대응했고, 경비행기 여덟 대가 강력하지만 덩치 큰 B-26 폭격기들을 처리했다. 사흘 뒤 전투는 끝났고, 카스트로와 게바라는 "아메리카 대륙에서 제국주의의 첫 번째 패배"를 주장할 수 있었다.[108] 케네디가 보기에 쿠바는 냉전 대결에서 소련의 대리인이었을 뿐이다. 그리고 이것은 제국주의 경쟁자에게 패배한 전투였다. 소련은 사태가 그렇게 해석되는 것을 즐기고 있었다. 5월에 카스트로는 소련판 노벨상이라고 할 수 있는 레닌 평화상을 받았다.

케네디의 대응은 군비 지출 수준을 높이는 것이었다. 게바라는 피그 만 사태를 분석하며 게릴라전 전략의 올바름을 확신했다. 기묘한 것은 케네디의 분석도 비슷했다는 것이다. 게바라가 게릴라 군대 건설을 호소했을 때, 케네디는 반혁명 군대와 전략을 서둘러 발전시키라고 명령했다. 그 결과 가운데 하나가 최초의 '신속배치군', 즉 그린베레였다. 8월에 우루과이의 푼타 델 에스테에서 열린 미주기구(OAS) 회의는 겉으로는 경제 문제들을 다른 것이었다. 그러나 이면의 흐름은 분명했다. 새 원조 프로그램은 반혁명 전략의 또 다른 일부였고, 혁명이 아니라(그리고 혁명에 반대하는) 개발 노선을 제시했다.

그 회의에 쿠바 대표로 참석한 게바라는 사진기자들을 무척 기쁘게 만들었다. 그들은 아마 1주일 동안 회색 정장 차림의 신사들만 찍을 거라고 예상했을 것이다. 8월 8일 연설에서 게바라는 미국을 비판했고, 라틴아메리카 나라들의 경제적 정의와 독립을 호소했다. 사실, 그의 공격적인 비판은 나중에 "아메리카 가족 전체"의 공존을 원한다고 선언한 연설에서는 약간 누그러졌다. 얼마 뒤 그는 미국 대표 리처드 굿윈을 몰래 만났다. 그 만남에 관한 기록은 몇십 년 동안 알려지지 않았다. 그러나 그 기록을 보면, 게바라가 쿠바의 경제 문제들을 숨기지 않았고 쿠바가 당면 현안들에 집중할 수 있도록 일종의 '교착 상태'를 제안했음을 알 수 있다. 그 대가로 게바라는 쿠바가 더는 라틴아메리카의 무장 투쟁을 지원하거나 소련과 공식 동맹을 맺지 않을 뜻을 넌지시 내비쳤다.

굿윈이 위에 올린 보고서를 보면, 그는 게바라가 약점을 드러냈다고 생각했다. 게바라는 어땠는가? 아마 그는 피그 만 사태 직후에 쿠바가 잠시 우세한 위치를 점하고 있다고 생각한 듯하다. 예상대로 케네디는 이제 심각한 경제적 곤경을 겪고 있는 쿠바에 대한 압력을 강화할 기회라고 생각했고, 라틴아메리카 여러 나라 정부에 쿠바와의 관계를 모두 단절하라고 압력을 넣었다. 거인이 힘을 과시하고 있었다.

쿠바 민중이 물질적 삶의 개선을 뒤로 미루고 혁명을 지키기 위해 투쟁하며 욕심을 부리지 않고 희생한 대가로 쿠바가 1962년에는 공업화 프로그램과 경제 변화의 길에 들어서게 될 것이라던 게바라의 확언은 지금 생각하면 일종의 아이러니처럼 보인다. 쿠바에 대한 군사 작전은 계속됐고 경제 위기는 심화됐다. 1962년 3월에는 쿠바에서 배급카드가 나타났다.

게바라와 카스트로 모두 인정하지 않으려 했지만, 식량 배급 실시는 쿠바를 외부에 의존하지 않는 자급자족 사회주의 국가로 만들려는 그들의 환상이 끝났음을 알리는 것이었다. 사회주의 국가들의 국제적 우애가 자본주의를 붕괴시킬 수 있을 것이라는 게바라의 환상은 산산조각 나고 있었다.[109]

게바라가 산업부 장관[게바라는 1961년 2월에 산업부 장관이 됐다]의 추가수당을 거부하고 직원은 모두 적정 배급만 받아야 한다고 주장한 것은 게바라의 청렴결백을 보여 주는 대표적인 사례였고 그가 오래도록 인기를 끈 이유였다. 동시에 그의 연설과 글에는 새로운 긴급 과제가 등장했고 좌절감이 배어 있었다. 미국의 경제 봉쇄는 고통스러웠다. 쿠바의 공업에서 통용되던 미국제 기계류의 예비 부품이 바닥나고 있었고 이를 대체할 수단도 없었다. 비록 쿠바인들은 이미 임기응변 능력을 발전시키고 있었고 이 때문에 나중에 유명해지게 되지만 말이다. 게바라가 국민들에게 소비 자제를 호소했는데도, 돈은 여전히 소비재에 쓰이고 있었다. 물론 이런 소비재들은 점차 부족해지고 있었다.

인적 문제도 있었다. 당시까지 미국으로 도주한 쿠바인들이 50만 명이었다. 구사노스(벌레들)라고 불린 이들은 사실상 쿠바의 대다수 기업주들과 전문가들 — 변호사·의사·기술자 — 이었다. 게바라는 산업부에 필요한 지질학자가 2천 명이지만 실제로는 겨우 2명밖에 없다고 보고했다. 2백 명 남짓한 동유럽 출신 자원자들로는 수요를 충당하기에 턱없이 부족했다.[110] 소비에트 진영이 비록 의향이 있었을지라도 그들은 단기적 또는 심지어 중기적으로도 충분한 예비 부품이나 새 기계류를 공급할 수 없었고, 그나마 공급할 수 있었던 것도 대체로 품질이 떨어지는 것들이었다.[111] 게다가 원료도 심각하게 부족했다.

게바라에게 설탕 의존성 탈피와 경제 다변화의 필요성은 점차 다급해졌다. 그러나 1961년부터 1963년까지 설탕 생산은 하락했다. 부분적으로는 외부 조건 때문이었고, 부분적으로는 토지 개혁의 수혜자 다수가 다시 사탕수수를 수확하는 일을 거부했기 때문이었다. 게바라는 쿠바 한 나라에서의 발전을 제약하는 조건들에 부딪히고 있었다. 그리고 소비에트 모델의 모순에도 부딪히고 있었다.

혁명광장에 있는 토지개혁청(INRA) 건물 9층 사무실에서 게바라는 자신의 가장 적극적인 측면과 부정적인 측면을 모두 보여 주었다. 그는 혁명에 완전히 헌신했고, 이를 위해 개인 생활을 포기하면서까지 열심히 일했다(아내 알레이다가 너무 잘 알고 있었듯이). 그러나 그는 자신이 게릴라 군대에서 발전시켰던 지휘·명령 모델을 모든 것에 적용했다. 그 결과 자신을 중심으로 하는 거대한 중앙집중적 관료 체계를 만들어 냈다. 그는 새 국가의 작동 방식이 우연적·즉흥적이며 창조적이지만 비조직적·무정부적이라고 불평했다. 그의 해결책은 자신이 최종 권위를 가진 산업부가 모든 것을 통제하고 관장하는 것이었다. 이렇게 하도록 그에게 권장한 것은 그의 자문단이었고, 그들 다수는 다른 라틴아메리카 나라들에서 온 공산주의자들이었다.

1961년 말에도 포위당한 혁명이 직면한 문제들은 여전히 해결되지 않았고, 관료적 시스템은 여전히 게바라가 불평했던 어려움과 결점 때문에 곤경을 겪고 있었다. 그는 분명히 심각한 좌절감을 느끼고 있었고 너무나 태평한 쿠바인 동지들에게 짜증이 나 있었다. 피그 만 사태가 게바라와 카스트로에게 정치적 낙관주의를 가져다주었다면, 객관적 현실은 점증하는 우려의 원인이었다. 게바라의 대응은 희생과 헌신에 대한 호소를 강화하고 금욕을 더욱 강조하는 것이었다. 마치 객관적 조건을 엄청난 자발적 노력으로 극복할 수 있으며, 존재하지 않는 물질적 자원을 의식이 대체할 수 있다는 듯이 말이다. 그는 소련과 중국에서 급속한 공업화가 초래한 처참한 사회적·인간적 희생을 분명히 몰랐거나 아니면 인정하지 않았다. 두 나라에는 있었지만 쿠바에는 없었던 막대한 천연자원은 말할 것도 없다.

객관적 현실에 대한 게바라의 조급성은 그의 정치 이론의 핵심이었다. 혁명가들이 대중을 대리해 혁명을 일으킬 수 있다면,

혁명적 국가도 자신이 직면한 객관적 한계를 극복할 수 있다고 그는 주장했다. 그러나 게바라가 보기에 그런 극복 과정에는 쿠바 외부의 정치 환경을 변화시키는 것도 포함돼 있었다. 만약 미국이 수단과 방법을 가리지 않고 혁명을 정치적·경제적으로 고립시키려 한다면, 혁명은 독자적 수단을 이용해 그런 공세에 대항해야 한다. 1962년 초에 게바라는 라틴아메리카 전역의 게릴라 운동 건설을 다시 한 번 적극 장려하고 있었다.

쿠바 내에서 게바라는 그 1년 전에 창설된 새로운 정치 조직 — 통합혁명조직(ORI) — 에서 드러난 쿠바 공산당의 영향력 증대와 '7월 26일 운동'과의 동맹에 약간 회의적이었다. 그러나 그는 공산당 지도자 에스칼란테에 반대하는 운동을 열렬히 지지했고 그 뒤 에스칼란테는 망명길에 올랐다. 게바라는 그가 부패하고 이기적인 사람이며 분명히 반혁명 음모를 꾸미고 있다고 생각했다.

제12장
미사일 위기

10월의 열사흘은 쿠바 혁명의 방향을 포함해 많은 것을 바꿔 놓았다.[112] 1962년 후반에 소련은 쿠바에 무기와 군대를 배치했다. 9월에 소련 지도자 흐루시초프와 게바라 사이에 최종 협정이 체결됐다. 쿠바에 배치된 미사일 40기 가운데 절반은 핵탄두를 장착한 것들이었다. 또, 소련군 4만 2천 명이 쿠바에 주둔하고 있었다.[113]

가장 이상한 것은 미국 정보기관들이 그 사실을 파악하지 못한 듯했다는 것이다. 적어도 10월 16일까지는 그랬다. 10월 16일 케네디는 U-2 정찰기들이 찍은 사진들을 보았다. 미사일 발사대 공사 현장의 모습을 담은 사진들이었다. 쿠바에 적대적인 태도로 유명한 일부 보좌관들은 즉시 쿠바를 침공하라고 조언했다. 그러나 케네디는 해상 봉쇄를 선택해, 소련 배들이 쿠바 해역에 진입할 수 없게 했다. 무기를 실은 소련 배들이 쿠바를 향해 계속 오고 있었다. 그 배들이 항해를 계속한다면 10월 24일 오전에 미국의 해상봉쇄선에 이를 예정이었다.

그 시절을 살았던 사람은 누구나 10월 24일 직전의 그 긴장과 공포를 기억한다. 10년 동안 전 세계는 미국과 소련의 끊임없는 핵전쟁 위협 아래 살아 왔다. 서방의 핵무장 능력이 소련보다 몇 배나 더 컸다는 사실은 아무 의미가 없었다. 둘 다 전 세계를 파괴하고도 남을 만큼 핵무기를 갖고 있었다. 소련 함대가 항해를 계속함에 따라 시계 바늘은 점점 세계 최후의 시간을 향해 가고 있었다.[114] 10월 24일 정오쯤 소련 배들이 되돌아갔다. 그리고 시계는 멈췄다.

겨우 며칠 전에 흐루시초프와 쿠바 정부는 미사일의 존재를 강력하게 부인했다. 그런데 하룻밤 사이에 소련 지도자가 입장을 바꿔 미사일의 존재를 시인하고 미국 정부와 협상을 시작했다. 소련은 미국이 터키에 있는 미군 기지들을 폐쇄하고 쿠바를 침략하지 않겠다고 약속하면 쿠바에 배치한 미사일들을 철수하겠다고 했다. 케네디는 첫째 조건은 무시했다. 그러나 둘 다 외교적 승리를 선언했다.

이 모든 과정에서 쿠바인들은 도대체 어디 있었는가? 마치 미국과 소련이 이 모든 시나리오를 만드는 동안 쿠바 정부는 완전히 속수무책이었던 듯했다. 쿠바가 더 큰 국제 파워 게임에서 희생양이 아닌 적이 있었던가?

9월에 흐루시초프를 만난 체 게바라는 쿠바를 지키겠다는 소련의 약속이 진심이라고 믿었다. 비록 소련이 군사 협약의 공개를 거부한 것에 당황하기는 했지만 말이다. 그러나 "게바라는 흐루시초프가 미국과의 대결 국면에서 미사일을 철수할 것이라고는 상상도 하지 못했다."[115] 그것은 카스트로도 마찬가지였다. 오히려 그들 둘 다 소련이 정치적 신념 때문에 쿠바를 지키려다 궁지에 몰릴 것이라고 믿었다. 이것은 기껏해야 순진한 생각이었다. 흐루시초프는 분명히 미국의 쿠바 침략을 저지하고 싶었다. 동시에 그가 이를 위해 세계를 핵전쟁에 빠뜨릴 수 있는 위험을 무릅쓸 가능성도 거의 없었다. 그것은 흐루시초프가 벌인 위험한 협상 게임이었거나 미국의 군사 정보기관과 방어 능력을 시험하려는 것이었을지 모른다. 그러나 그는 미국의 핵무장 능력이 소련보다 몇 배나 뛰어나다는 것을 알게 된다.

소련이 쿠바에 미사일을 강제로 배치했다는 쿠바의 주장은 의심스럽다. 게바라와 카스트로는 한동안 소련과 무기 거래 협상을 해 왔고, 둘 다 이미 미사일에 대해 이야기한 바 있었다. 게바라는 분명히 '사회주의 세계'가 어떤 희생을 치르더라도 쿠바를 방어할 것이라고 확신했고 그런 이야기를 몇 차례나 되풀이했다.

따라서 게바라와 카스트로가 보기에 미사일을 철수하겠다는 소련의 약속은 단순한 배신이었을 뿐이다. 결정적 시기가 되자 쿠바가 고립된 사실에 비춰 보면, 쿠바를 침공하지 않겠다는 케네디의 약속은 별 의미가 없었다. 카스트로는 그다지 공개적으로 이야기하지는 않았지만, 소련의 냉소주의에 분노했다. 그러나 그는 실용주의자였고 쿠바가 여전히 소련의 경제적·외교적 지원을 받아야 함을 알고 있었다.

쿠바 내에서는 별로 드러나지 않았지만 미사일 위기의 충격이 커다란 영향을 미쳤다. 카스트로 정부 안에서 쿠바 공산당의 영향력 확대는 항상 어느 정도 소련과의 연계에 바탕을 두고 있었다. 에스칼란테 사건은 분명히 내부 이견을 보여 주었다. 그러나 쿠바 혁명의 지도부는 여전히 소련의 연대를 확신하고 있었다. 더 중요한 점은 특히 게바라와 라울 카스트로가 소련 모델에 이데올로기적으로 헌신적이었고 그런 신념을 강화한 사람들에 둘러싸여 있었다는 것이다. 게바라는 하려고 마음만 먹었다면 동유럽의 모순들―(그가 전에 이야기한 적이 있었던) 경제적 불균등성, 민주주의의 부재, 소련의 제국주의적 야심, 수많은 소련인과 중국인을 괴롭혔던 궁핍과 곤경―을 쉽게 볼 수도 있었을 것이다. 그러나 그는 10월까지는 그러지 않았다.

소련에서 흐루시초프와 주변 인사들은 미사일 위기에서 그들 나름의 정치적 결론들을 끌어내고 있었다. 그들은 미사일 위기가 미국과 소련의 '평화 공존' 가능성을 새로 보여 주었다고 주장했다. 그러나 겨우 몇 주 전만 해도 흐루시초프는 라틴아메리카 혁명에 헌신하겠다며 게바라를 안심시켰다. 게바라에게 이것[평화 공존]은 저주였다. 어떻게 혁명적 반제국주의자가 적과의 평화 협상을 받아들일 수 있겠는가! 모스크바에서는 게바라에 대한 의심의 목소리가 높아지고 있었다. 그들은 중-소 분쟁에서 게바라가 중국과 너무 가깝다고 주장했다.

이제까지 게바라는 소련과의 견해 차이를 공개적으로 표명한 적이 없었다. 그러나 그는 소련 제품의 부적당함, 소련 경제의 비효율성과 비신뢰성에 대한 분노와 짜증을 드러내곤 했다. 어쨌든 게바라에게 가장 중요한 것은 쿠바인들이 급속한 공업화를 달성할 수 있는가 하는 점이었다. 소련이 그것을 도와줄 것이라고, 또는 그럴 수 있다고 게바라가 생각했을지라도 이제 그는 재빨리 자신의 실수를 인정해야 했다. 쿠바 안에서도 게바라는 공산당원들의 무기력한 태도를 신랄하게 비판하고 있었다. 카스트로와 쿠바 국가에 대한 옛 공산당(PSP)의 영향력은 관료주의를 강화하고 더 복잡하고 가끔은 부패한 정치 구조를 만들어 냈을 뿐이다. 그것은 게바라가 원하던 변화를 가져다주지 않았다.

동시에 게바라는 라틴아메리카의 다른 게릴라 집단들과 관계를 유지하고 있었다. 1962년 대부분 기간에 그는 호르헤 마세티가 이끄는 아르헨티나 게릴라 집단과 협력하며 조국에서 게릴라 투쟁을 할 준비를 하고 있었다. 물론 볼리비아와 페루, 중앙아메리카의 게릴라 집단들과도 협력하고 있었다. 게바라는 쿠바가 고립돼서는 살아남을 수 없다고 생각했으며, 카스트로와 달리 소련과의 관계가 이제는 용납할 수 없는 타협이라고 생각했다.

혁명이 확산돼야 했다. 반제국주의 또는 사회주의 정부가 있는 라틴아메리카 나라들은 아마 쿠바가 생존할 수 있는 환경, 소련이나 미국에 의존하지 않고도 원료와 석유를 얻을 수 있는 환경을 제공할 것이다. 그리고 쿠바에서는 새로운 문화—연대와 희생 같은 도덕적 인센티브들이 상여금이나 상품권보다 훨씬 더 가치 있는 사회—가 급속한 경제 발전을 이룩할 수 있게 해 줄 것이다. 이것은 경제 전체가 경쟁이나 이윤이 없는 하나의 단위로 작동할 수 있는 체제의 도움을 받을 것이다.

게바라와 카스트로의 노선이 달라지기 시작했음은 이제 분명해졌다. 카스트로의 목표는 쿠바의 경제 번영과 그 자신의 정치적 생존을 도모하는 것이었고, 이를 위해 그는 기꺼이 타협할 태세가 돼 있었다. 게바라의 임무는 사회주의 혁명을 확산시키는 것이었다. 쿠바를 떠날 때가 가까워지고 있었다.[116]

게바라가 쿠바를 떠난 것은 2년 뒤였지만, 그의 마음은 점차 쿠바 외부로 혁명을 확산시키는 쪽으로 기울고 있었다. 동시에 1963년 초에 게바라는 많은 연설과 글에서 쿠바 경제의 취약성을 인정했다. 그의 경제적 희망들은 점차 사라지고 있었다. 사실, 쿠바 국가 내부의 일부 사람들은 게바라의 가차없는 집중화 정책과 공업 발전 지상주의가 적어도 부분적으로는 위기에 책임이 있다고 주장했다. 이제 예비 부품 부족이 위험한 수준에 이르렀고, 동유럽 제품으로 대체한 것이 쓸모없음이 드러나고 있었다. 임시변통으로 자동차와 버스가 계속 운행됐고 기계들도 돌아가고 있었다. 정부에서, 그리고 국가 기구에서 게바라의 인기는 떨어지고 있었다. 그러나 국민들 사이에서 그의 인기는 여전했다.

정치적 긴장들이 심리 상태에 영향을 미치는 조짐들이 있었다. 게바라의 몸무게가 늘고 있었다. 그는 이것을 천식 치료제 코르티손[부신피질호르몬제] 탓으로 돌렸지만, 사실은 그가 앉아서 일하는 방식 탓이었다. 그의 거친 머리카락은 더 짧아졌고 더 산뜻해졌다. 비록 군복 셔츠를 허리띠 속으로 깔끔하게 집어넣는 단정한 복장은 여전히 거부했지만 말이다. 게바라는 많은 시간을 회의와 모임에 참석하는 데 소비하는 정부 각료가 됐다. 1963년 초 몇 달 동안 그가 갓 태어난 딸 셀리아와 보낸 시간은 별로 많지 않았다. 가족이 늘고 있었기 때문에(게바라 집에는 이제 아이가 네 명이었다) 알레이다는 남편과 함께 시간을 보낼 기회가 별로 없었다. 사태가 악화되고 위기와 어려움이 가중되고 더 빈번해지고 있었기 때문에 그는 점점 더 많은 시간을 정부 청사에서 보냈다. 그에 대한 불평도 끊이지 않았고, 그의 정서는 그런 긴장을 반영하고 있었다. 너그러운 태도에도 불구하고 게바라는 항상 규율이 엄격한—비록 대부분 자기 자신에게 엄격했지만—사람이었다. 이제 그는 좌절감을 주변 사람들에 대한 분노로 터뜨리곤 했다.

게바라에게 자발적 노동의 문제는 이제 완전히 핵심이 됐다. 그의 주장은 혁명가들이 물질적 보상을 바라고 일해서는 안 되며 신념에서 우러나오는 일을 해야 한다는 것이었다. 공중을 위한 일은 결코 희생이 아니라 이타주의와 사회주의 의식의 표현이어야 했다. 그것이 바로 '새로운 인간'의 핵심이었다. 그가 어떤 동료에게 말했듯이, "나는 사회주의적 도덕성을 수반하지 않는 경제 변혁에는 관심이 없다."[117] 따라서 자발적 노동은 최고 수준의 정치의식의 본보기였다. 그 때문에 모든 혁명가에게 자발적 노동을 기대했고, 그해 초 몇 달 동안 그 자신이 자발적 노동에 투신했던 것이다.

그 시기의 게바라에게는 절박함 같은 것이 있었다. 그가 원했던 변화는 실현되지 않았다. 소련의 끈끈한 지원은 최초의 도전

앞에서 무너져 버렸다. 그가 확립하려 애썼던 중앙집중적 통제는 뜻대로 작동하지 않았다. 1963년 2월에 쓴 에세이 "관료주의에 반대하며"[118]는 쿠바 국가의 비효율성과 결함에 대한 폭로였을 뿐 아니라 어떤 점에서 자기 비판이기도 했다. 자발적 노동을 해결책으로 주장한 것은 처음부터 게바라 사고방식의 이런 특징을 반영한 것이었다. 즉, 혁명가들의 의지와 결단이 모든 장애물, 심지어 객관적인 장애물조차 극복할 수 있다는 확신 말이다. 그러나 이런 이상주의는 이제 카스트로 주변의 옛 공산당원들한테 공공연하게 비판받았다.

5월에 게바라가 잡지 ≪오이≫(Hoy : 오늘이라는 뜻)의 기념식에서 한 연설은 마르크스-레닌주의 정당에 관한 진부하고 교조적인 책 — 소련 이론가들의 인용문들과 카스트로의 연설들을 모아 놓은 — 에 쓴 머리말에서 고스란히 반복됐다.

> 게바라 전기 작가 마사리는 게바라가 "이론적으로 빈약한 이 형편없는 작은 책을 칭찬"했다고 개탄한다. 소련이 택한 경제 노선을 그토록 비판했던 게바라가 소련 사회의 사회적 재앙, 권위주의, 억압적 본질을 거의 모르는 듯했다는 것은 이상하다. 사실, 게바라에게는 그런 문제들을 멀리서 볼 수 있게 해 줄 이론적 도구들이 없었다. 그는 초보적 마르크스주의에서 벗어나지 못하고 있었다.[119]

이것은 가혹한 평가처럼 들릴지 모르지만, 그 뒤의 논쟁들에서 드러나게 된다. 6월에 발간되기 시작한 잡지 ≪누에스트라 인두스트리아≫(우리의 산업)의 분명한 목적은 쿠바 경제의 미래에 대한 논쟁을 주도하려는 것이었다. 여기서 게바라는 물질적 인센티브가 아니라 도덕적(즉, 정치적) 인센티브를 바탕으로 하는 경제에 대한 사상을 발전시켰다. 그리고 '새로운 인간'의 창출이라는 주제를 계속 다뤄 나갔다. 정부 안팎의 친소련파 인사들이 논쟁에 뛰어들어 격렬하게 비판했지만, 게바라는 결코 자신의 주장을 굽히지 않았다.

동시에 그는 라틴아메리카의 공산당원들과 또 다른 논쟁을 벌이고 있었다. 게바라는 자신이 가진 쿠바 혁명의 권위를 한껏 이용해 혁명적 투쟁은 농민들을 바탕으로 한 무장 투쟁이어야 한다고 주장했다. 그런 바탕 위에서 게릴라전을 감행할 태세가 돼 있는 조직이라면 그 정치적 기원과 무관하게 물질적·정치적 지원을 해야 한다는 것이었다. 그래서, 예컨대, 그는 베네수엘라의 트로츠키주의 조직들을 지원했고, 이는 쿠바 공산당 동맹 세력의 분노를 샀다.

9월에 출판한 ≪게릴라전≫ 후기에서 게바라는 본문에서 표명한 사상을 되풀이했다.

> 전위 정당이 되는 것은 권력 장악을 위한 투쟁에서 노동 계급의 선두에 서는 것이며, 권력 장악을 위한 길로 노동 계급을 어떻게 이끌 것인지를 아는 것이며, 그것도 지름길로 이끄는 것이다.[120]

그가 '노동 계급'이라는 용어를 쓰긴 했지만, 게바라는 자신의 글에서 게릴라 군대가 농촌에서 활동해야 하며 무엇보다 농민들 사이에서 신병을 모집해야 한다고 거듭거듭 강조했다. 왜냐하면 가장 혹독한 착취에 시달리는 사람들이 바로 농민들이기 때문이다. 그러나 고통이 혁명가들을 만들어 내지는 않는다. 오히려 투쟁 경험에서 나오는 집단적 조직과 자신감이 없으면, 그리고 자본주의의 핵심 ― 생산 기구 ― 을 강타할 힘이 없으면 고통은 절망과 무력감을 낳을 수 있다.

사실, 그 글은 라틴아메리카 공산당들을 은근히 비판한 것이었다. 그들은 분명히 혁명을 지도하지 못했다. 게바라가 그들을 비판한 것은 옳았다. 그러나 그들의 특별한 구실을 거부하면서, 그는 대중 혁명 조직의 전통도 내버리고 그것을 소수 혁명가 집단의 단호한 행동으로 대체해 버렸다. 그의 말에 따르면, 그런 혁명가들이 "적의 분노를 도발할" 수 있다는 것이다. 머지않아 경험은 이런 분노가 게릴라 자신들이 아니라 노동자 대중을 겨냥한다는 것을 보여 주게 된다. 그리고 게릴라 이론 ― 노동자 대중을 수동적인 지원 부대쯤으로 여기는 ― 이 득세하자, 노동자들은 그런 공격에 맞서 싸울 정치적·조직적 준비를 할 수 없게 돼 버렸다.

그 글이 나온 시점은 아주 의미심장하다. 경제 문제 논쟁이 점차 격렬해지고 있을 때, 카스트로는 게바라가 옹호하는 입장 쪽으로 이동하고 있었다. 카스트로는 3월 모스크바 방문 당시 열광적인 환영을 받았지만, 그는 쿠바가 정치적·경제적 고립을 벗어나도록 도와줄 수 있는 국제 운동의 필요성을 깨닫고 있었다.

게바라는 1962년 1월 카스트로의 제2차 아바나 선언을 거듭 인용하면서 혁명의 다음 단계는 라틴아메리카여야 한다는 주장을 되풀이했다.

> 카스트로가 말했듯이, 안데스 산맥은 라틴아메리카의 마에스트라 산맥이 될 것이다. …… 이것은 혁명의 다음 단계가 지구전이 될 것임을 뜻한다. 많은 전선이 형성될 것이며 오랫동안 많은 피를 흘리고 수많은 희생자들이 나올 것이다.[121]

게바라는 아마 이런 전선을 처음으로 열어젖힐 준비가 된 게릴라 부대—아르헨티나의 살타에서 싸울—를 마음에 두고 있었을지 모른다. 그러나 이듬해에 그런 전략의 한계를 보여 주는 비극적이고 끔찍한 교훈들이 드러나게 된다.

같은 달에 게바라는 쿠바 정부 대표단을 이끌고 다시 모스크바를 방문해 러시아 혁명 기념식과 '소련-쿠바 친선의 집' 개관식에 참석했다. 그에 대한 반응은 3년 전 그가 받은 환영과 사뭇 달랐다. 소련에 대한 게바라의 태도도 매우 달라져 있었다. 라틴아메리카의 공산당들—아바나에서 열릴 라틴아메리카 지역 총회에서 만날 예정이었던—은 게바라와 카스트로의 새로운 정치적 입장에 대한 불만을 잔뜩 늘어놓았다. 미사일 위기 뒤에 전 세계 공산당들의 정책은 모스크바의 '평화 공존' 노선을 추종하는 것이었다. 역사적으로 이들 공산당은 항상 소련이 제시한 정치적 방향을 추종해 왔다.[122] 모스크바 방문 당시 게바라에게 전달된 메시지는 분명했다. 점진적 변화를 추구하는 전략에서는 게릴라전 정책을 용납할 수 없다는 것이었다.

쿠바로 돌아온 게바라는 11월 30일 연설에서 자신이 모스크바 방문에서 감동을 느끼지 못했음을 분명히 밝혔다. 중요한 것은 그가 산티아고에서 연설한 것이었다. 바로 그때 산티아고에서 멀리 떨어진 아바나에서는 공산당 전당대회가 열리고 있었다.

그 점을 깨달은 사람은 거의 없었지만, 아바나 전당대회에 게바라가 불참한 것은 뭔가 근본적인 변화가 있었음을 보여 주는 최초의 징조였다. 주의 깊게 살펴본 사람이라면 누구나 게바라가 이미 자신의 일상에서 벗어나기 시작했고 머지않아 그들의 시야에서 사라질 것임을 알 수 있었을 것이다.[123]

앤더슨에 따르면, 그 무렵 게바라는 카스트로에게 정부를 떠나고 싶다고 말했다고 한다.

제13장

결혼도 아니고 이혼도 아닌

그 결별은 1년 뒤에야 찾아왔지만, 결별하겠다는 결정은 1963년 말에 내려졌다.[124] 게바라는 아프리카를 주목하고 있었으며, 9월 연설에서 그는 아프리카의 상황을 길게 이야기했다. 그는 7월에 잠시 알제리를 방문해, 무장 해방 투쟁 지도자 출신 대통령 벤 벨라와 긴밀한 관계를 확립해 놓았다. 그들은 콩고의 최근 사태가 아프리카 정세의 핵심이라는 데 동의했다. 1961년 파트리스 루뭄바 암살은 아프리카 해방 투쟁의 가장 강력한 지도자 가운데 한 명을 제거한 것이었다. 그러나 1963년 루뭄바 일부 측근들의 주도로 투쟁이 다시 분출하려 하고 있었다.

라틴아메리카에서는 게바라가 쿠바에서 지원하고 조직했던 아르헨티나 게릴라 조직이 살타 지방에 들어가 1964년 초부터 투쟁을 시작하려고 준비하고 있었다. 게바라가 그 조직을 지도할 생각이었음은 거의 확실하다. 게바라의 최측근 협력자 두 명이 이미 마세티와 함께하고 있었다. 게바라의 마음속에는 항상 조국이 핵심 문제로 자리 잡고 있었으며, 게바라가 자신을 중심으로 단결하라고 설득할 수 있다면 강력한 세력이 될 수 있는 조직들의 연계망이 아르헨티나에는 존재했다. 볼리비아와 베네수엘라도 게바라의 머릿속에서는 중요했다. 비록 베네수엘라 공산당이 일체의 무장 투쟁을 완강하게 반대하고 있었고, 볼리비아인들도 게바라의 일반 전략을 형식적으로만 지지하고 있었지만 말이다.[125]

이런 문제들이 다시 게바라를 투쟁으로 끌어들이고 있었다. 그가 주변 사람들에게 분노를 터뜨리고 점차 날카로운 태도를 취한 것은 깊은 좌절감의 징후였다. 비록 그에게는 사랑하는 가족이 있었지만, 그의 역사적 사명감은 책상머리에서 성취할 수 있는 것이 아니었다.

그를 밀어붙인 다른 요인들도 있었다. 카스트로 주변의 공산당원들 사이에서, 그리고 소련에서 그의 인기가 점차 시들해진 것도 하나의 요인이었다. 겨우 몇 달 전만 해도 그는 카스트로 다음가는 쿠바 혁명의 권위를 누리고 있었다. 이제 카스트로가 그에게서 차츰 멀어지는 것처럼 보였고, 심지어 경쟁자로 여기고 있는 것처럼 보이기도 했다.

카스트로의 일부 행동은 게바라가 받아들일 수 없는 것이기도 했다. 어떤 의미에서 게바라는 확고한 원칙과 절대적 신념을 신봉하는 독단적인 사람이었다. 반면에 카스트로는 완전히 정치인이었고, 상황에 비추어 결정하고 상황이 바뀌면 결정도 바꾸는 실용주의자였다. 예컨대, 카스트로는 소련 군중의 숭배를 즐기는 동시에 미국과 접촉할 방안을 모색하기도 했다. 그리고 모종의 움직임이 있었지만, 케네디가 암살되자 비밀 협상은 갑작스레 끝나 버렸다. 게바라는 이런 사실들을 알고 강력하게 반대했다. 혁명 초기부터 그는 제국주의가 적이며 제국주의는 결코 바뀔 수 없다고 주장했다. 오직 제국주의의 패배만이 혁명으로 가는 길을 열 수 있다는 것이었다. 이 문제에서 게바라는 한결같았다.

그러나 그해 말에 카스트로는 라틴아메리카 대륙의 무장 투쟁으로 돌아가자는 이야기를 공개적으로 하기 시작했다. 게바라는 그것을 미국과 소련 둘 다 겨냥한 미사여구일 뿐이라고 의심했다. 사실, 쿠바가 소련과 새 협정을 체결한 것은 둘 사이의 유대가 점차 강해지는 신호라고 그는 생각했고, 그것은 옳았다. 물론 이것은 전혀 놀라운 일이 아니었다. 1963년 후반기에 경제를 둘러싸고 진행된, 아주 기술적인 것처럼 보였던 논쟁들은 사실 지극히 정치적인 것이었다. 도덕적·물질적 인센티브 논쟁은 실제로는 경제를 수익성과 효율성을 따라 조직할 것인가 아니면 사회적 필요에 따라 조직할 것인가를 둘러싼 논쟁이었다.[126] 훗날 공식 설명은 이 논쟁을 정도의 차이로 묘사한다. 게바라에게 그것은 정치와 원칙의 차이였다.

1964년 초에 게바라가 쿠바를 떠나기로 결정했다는 것이 알려졌을 때, 많은 동료들은 그에게 쿠바에 남아서 그가 주장해 왔던 공업화 정책들을 위해 투쟁하라고 촉구했다. 그러나 게바라는 완고했다. 그가 보기에 1964년의 '쿠바-소련 설탕 협정'은 그가 이미 알고 있는 사실을 확인해 주었을 뿐이다. 쿠바 경제는 또다시 설탕에 의존하게 될 것이고, 이것은 필연적으로 외부 시장에 종속된다는 뜻이었다. 굳이 증거가 필요하다면, 7월에 설탕생산부를 따로 독립시켜 그의 통제 밖에 둔 것이야말로 결정적 증거였다.[127]

게바라는 다시 게릴라 투쟁으로 돌아갈 준비를 하고 있었다. 일부 저자들은 이것이 단지 그의 타고난 부지런함에, 쿠바에서 할 일이 끝났다는 생각이 더해진 결과라고 시사했다. 그것은 낭만적인 설명이지만, 심각하게 잘못된 것이다. 게바라는 해방 투쟁이라는 정치적 프로젝트에 헌신한 혁명가였다. 그의 별빛이 바래고 있었고, 혁명에서 그의 권위가 나날이 축소되고 있었던 사실을 무시할 수 없다. 그는 모스크바와 라틴아메리카의 공산주의자들을 분명히 비판했고, 이제 그들이 그를 체계적인 방식으로 주변화시키고 있었다.

그렇다고 해서 게바라가 무장 투쟁으로 돌아갈 뜻이 없었다는 말은 아니다. 그러나 그런 복귀의 원인들은 복잡했고, 무엇보다 정치적이었다. 하지만 그의 계획은 예정대로 진행되지 않았다. 게바라가 지도하려 했던 아르헨티나의 '민중 게릴라 군대'는 실제 투쟁을 시작하기도 전에 파괴됐고 그 대원들은 대부분 살해당했다. 1964년 3월 말쯤 그 조직은 사라지고 없었다.

이제 아르헨티나에는 이렇다 할 가능성이 없었다. 여러 달 동안 게바라의 머릿속을 차지하고 있던 콩고가 이제 훨씬 더 중요하게 보였다. 쿠바 혁명과 새로운 쿠바 국가에서 게바라의 비중이 낮아지고 있었다. 그는 생애의 다음 단계를 준비하는 데 더 몰두했다. 3월에 그는 쿠바 대표단을 이끌고 제네바에서 열린 유엔 무역 개발 회의에 참가했다. 연설하기 위해 일어선 게바라에게 쏟아진 열광적인 박수갈채는 해외에서 그의 위상과 인기가 여전하다는 증거였다. 아마 그것은 게바라와 쿠바의 관계에서 그의 임무나 명성이 분리되기 시작한 순간이었을 것이다. 그의 연설은 짧았고, 제국주의를 신랄하게 비판하는 내용이었다. 그것은 그해 말 뉴욕의 유엔에서 하게 될 더 유명한 연설의 전주곡이나 다름없었다. 그리고 그를 환영한 일부 대표단들도 있었지만, 동유럽과 라틴아메리카의 많은 대표단은 그를 냉대했다.

그는 다시 며칠 동안 알제리를 방문해 벤 벨라와 함께 아프리카의 상황을 검토했다. 벤 벨라의 말을 들은 게바라는 콩고가 전 세계 반제국주의 투쟁의 핵심 전선이라는 확신을 더욱 굳혔다. 4월에 쿠바로 돌아온 게바라의 마음속에는 분명히 이런 생각이 있었다. 그러나 그는 여전히 산업부를 책임지고 있었다. 여러 회의나 토론에 대한 그의 분노는 더 심해졌다. 어떤 회의에서 그는 여러 신제품 — 인형, 고장 난 지퍼, 부서진 장난감들 — 을 꺼내 책상 위에 내던지며 초기 단계의 쿠바 산업에서 무엇이 잘못됐는지를 설명했다. 동유럽 기계들은 조야하고 품질이 떨어졌으며, 일 처리 방식은 엉성했다.

게바라는 또, 적어도 개인적으로는, 다른 우려 사항들에 대한 논평도 서슴지 않으려는 듯했다. 그는 신흥 집권 관료층의 힘이 강화됐다고 지적했다. 멕시코 언론인과 한 인터뷰에서 그는 노동조합이 정부의 '전달 벨트' 구실을 할 뿐이며, 이른바 노동조합의 독립성은 순전히 엉터리라고 주장했다.[128] 그는 사회주의 경제의 형태와 성격 등 중요한 문제들을 둘러싸고 논쟁을 계속했지만, 동료들이 보기에 그는 점차 따분해 하고 열의가 없는 듯했으며, 긴급한 일상의 문제들에서 멀어지고 있는 것 같았다.

11월에 게바라는 다시 모스크바로 가서 [러시아 혁명] 기념식에 참석했다. 그것은 순전히 외교적인 방문이었다. 아바나에서 쿠바 학생들과 한 비공식 토론에서 그는 자신의 여행을 설명하며 또다시 동유럽 공산주의 나라들을 비판하기 시작했다. 동유럽 나라들에서는 시장의 법칙이 그 경제 형태를 결정하도록 허용한 결과 발전이 지체됐고 서방 자본주의 나라들보다 훨씬 더 불리해졌다고 게바라는 말했다. 그것은 그가 2년 넘게 몰두하다 패배한 논쟁에 거의 마지막으로 기여한 점이었다.

12월 9일 뉴욕 유엔 총회 참석은 쿠바인으로서는 마지막 행동이자 국제 혁명가로서는 최초의 행동이었다. 그의 연설은 비타협적이었다. 그는 가장 강력한 용어를 써 가며 제국주의를 비판했고, 비록 에두르기는 했지만 공산권에 대해서도 비판적으로 논평했다. 그의 연설의 많은 부분은 콩고에 관한 것이었다. 이를 보고 많은 논평가들은 그가 새로운 방향을 모색하고 있다고 생각했다. 그는 TV 방송 <페이스 더 네이션> 특집에 출연해 기자 세 명과 인터뷰를 하며 많은 것을 암시했다. 그가 또 미국 상원의원이자 나중에 대통령 후보가 되는 유진 매카시를 만나 쿠바가 라틴아메리카의 혁명 운동들을 지원할 것이라고 확인해 주었다는 사실이 몇 년 뒤 드러나기도 했다.[129]

1월에 게바라는 알제리로 돌아갔다. 거기서 위대한 반제국주의 작가 프란츠 파농의 미망인과 만난 게바라는 이렇게 말했다. "오늘날 아프리카는 아마 가장 중요한 전장(戰場)일 것입니다. …… 이곳 아프리카에는 기존의 불안정 때문에 엄청난 성공 가능성도 있지만, 거대한 위험도 있습니다."[130] 그는 2월 초 중국에서 며칠 보낸 뒤 다시 아프리카의 몇몇 나라들을 돌아다니며 그 스스로 아프리카 대륙의 "자유의 전사들"이라고 부른 사람들을 만났다. 이런 만남들에 대한 개인적 설명이 게바라 사후 30년 만에 출간됐는데, 이를 보면 당시 게바라가 그들의 높은 생활수준과 일반적인 준비 부족을 우려하고 있었음을 알 수 있다.[131]

2월 25일 게바라는 알제에서 열린 제3세계 연대회의에서 유명한 연설을 해 물의를 일으켰다. 그것은 그가 지금까지 한 연설 중에서 가장 분명하고 광범하게 소련을 비판하는 내용이었다. 그는 해방 운동들을 지원하지 않은 소련은 "제국주의의 공범"이라고 말했고, '사회주의' 나라들에게 베트남과 콩고의 해방 전사들을 물질적으로 지원하라고 요구했다. 소련은 격노했다. 카스트로는 게바라와 같은 생각이었을까? 그것은 여전히 논쟁의 대상이다. 그러나 3월 중순 게바라가 쿠바로 돌아왔을 때 카스트로는 그를 마중하러 공항으로 나갔다. 그들은 몰래 이야기를 나눴다. 몇 시간 동안 계속된 그 대화 내용에 대해서는 알려진 바가 없다. 아마 카스트로는 게바라가 자신을 끌어들이지 않은 채 소련에 도전한 것을 기뻐했을 것이다. 동시에 그 때문에 게바라는 쿠바 정부에서 다시는 관직을 맡을 수 없게 됐다. 쿠바 정부는 게바라 때문에 감정이 상한 자들과 계속 거래해야 했기 때문이다.

게바라가 쿠바로 돌아왔을 때 그는 이미 사직한 상태였다. 당시 그를 설득해 콩고로 가게 하자는 제안이 계속 있었다. 비록 그의 전략적 사고는 모두 라틴아메리카에 집중돼 있었지만 말이다. 사실, 이 중요한 때에 라틴아메리카에는 희망의 조짐들이 거의 없었고, 게바라 자신은 콩고를 반제국주의 투쟁의 중심에 놓고 있었다. 그는 태어난 지 며칠밖에 안 된 아들 에르네스토와 알레이다에게 작별 인사를 했다. 4월 1일 선글라스를 쓰고 말끔하게 면도한 정장 차림의 남자가 아바나 국제공항을 빠져 나갔다. 체 게바라가 쿠바를 떠나는 것을 기념하는 의식 따위는 전혀 없었다.

게바라의 가장 유명한 글 "쿠바의 인간과 사회주의"는 1965년 3월 우루과이의 급진 저널 〈마르차〉에 먼저 실렸고, 쿠바에서는 그 뒤에야 군대 잡지 ≪베르데 올리보≫에 실렸다. 어떤 의미에서 그것은 그 전 4년 동안 벌어진 토론과 논쟁을 요약한 것이었다. 왜 그는 새로운 의식의 문제를 그토록 강조했는가? 그것은 분명히 경제적 이유 때문도 아니었고 헌신적인 사람들이 더 효율적인 생산자들이기 때문도 아니었다. 비록 도덕적 인센티브 논쟁이 쿠바 경제의 급속한 변혁이라는 절박한 필요를 반영한 것이기는 했지만 말이다. 그것은 게바라 정치 사상의 핵심과 관련된 것이었다. 왜냐하면 그것이 객체보다 주체를 강조하고, 가망 없는 객관적 조건을 극복할 수 있는 의지의 노력을 강조했기 때문이다. 이것은 ≪게릴라전≫의 핵심 개념이며, 그가 나중에 쓴 글 "게릴라전: 방식"에서 훨씬 더 강력하게 나타났다. 그것은 개인과 그 주변 환경 사이의 변증법적 관계를 인정한 혁명적 전통에 어긋나는 것이었다. 마르크스는 그 관계를 다음과 같이 유명한 말로 요약한 바 있다. "인간들이 역사를 만들지만 그들 스스로 선택한 환경에서 역사를 만드는 것은 아니다." 게바라는 마르크스가 말한 두 번째 부분을 무시한 채 새로운 사회관계라는 전망만 강조하곤 했다.

사회주의 사회의 인간은 외관상 획일적으로 보이지만 더 완전하다. 사회주의 사회에서는 사람들이 사회적 유기체 속에서 자기 자신을 표현하고 드러내는 데 필요한 완벽한 기계는 부족하지만, 그럴 수 있는 기회들은 훨씬 더 많다.[132]

게바라에게 새 사회는 정신적 변혁의 산물이며, 따라서 예술에서 교조주의는 엄격한 비판의 대상이다.

이것은 사람들이 고기를 얼마나 많이 먹을 수 있는가 하는 문제도 아니고 1년에 휴가를 몇 번이나 갈 수 있는가 하는 문제도 아니다. …… 정말로 중요한 것은 개인이 훨씬 더 많은 내적 풍요와 훨씬 더 많은 책임을 갖고 더 완전하게 느끼는 것이다.[133]

마르크스에게 사회 변혁의 가능성은 생산력의 발전에서 나온다. 자본주의 사회에서 생산력은 생산관계 — 생산력 발전을 좌우하는 — 와 충돌한다. 부(富)의 생산 능력이 증대하면서 동시에, 부를 소유하는 자들과 부를 생산하는 자들 사이의 불평등도 증대한다. 이것이 자본주의의 특징이다. 자본주의에서 계급 투쟁이 벌어지는 것도 바로 이 때문이다. 그러나 그 투쟁의 결과는 결코 필연적이지 않다. 노동 계급의 성공은 그 조직과 지도부, 그리고 그들의 투쟁을 진전시키는 사상에 달려 있을 것이다. 그러나 중요한 것은 노동 계급이라는 계급 전체가 혁명을 일으키며 하나의 계급으로서 그 권력을 행사하는 것이다.

게바라의 조급성, 혁명가들의 의식과 확신에 대한 강조는, 그가 거듭 말했듯이, 변혁은 그런 조직의 건설을 기다릴 필요가 없으며 변혁을 일으킨 뒤에 그런 조직을 건설할 수 있다는 신념에서 비롯했다. 게바라의 혁명 개념에서 핵심 주체는 노동 계급이 아니라 혁명가들이다.

게바라가 이 글을 쓴 것은 콩고로 가는 도중이었다. 그는 훨씬 더 짧은 글을 하나 더 쿠바에 남겨 두었다. 그것은 카스트로에게 보내는 작별 편지였다. 그러나 이 편지는 그 뒤 여섯 달 동안 빛을 못 본다. 게바라는 이제 쿠바를 떠났다. 비록 그가 아르헨티나의 투쟁에 다시 가담할 수 있기를 기대했지만, 지금 당장 그를 부른 곳은 콩고였다. 그것은 부분적으로 아르헨티나 게릴라들의 붕괴 때문이었다. 그러나 그것은 제국주의를 패퇴시키는 방식에 대한 게바라의 견해, 즉 투쟁은 여러 전선에서 벌어져야 한다는 생각과도 맞는 것이었다. 베트남 전쟁이 격화되고 있었고, 게바라는 라틴아메리카가 두 번째 저항 전선이 될 것임을 전혀 의심하지 않았다. 비록 라틴아메리카의 상황이 당장은 실망스러웠지만 말이다. 과테말라와 페루의 게릴라들은 심각한 패배를 겪었고, 볼리비아나 아르헨티나에서도 게릴라 투쟁의 기반이 전혀 건설되지 않았다.

그 전해에 콩고에서 저항 투쟁이 부활한 것을 보며 그는 세 번째 전선이 이미 가동 중이라고 생각했다. 게바라는 소규모 선발대의 일부였다. 그해 내내 약 1백 명의 쿠바인들이 콩고로 오게 된다. 그 전에 게바라가 아프리카에 머문 것은 겨우 두 달 정도였다. 2월 초에 그가 잠시 중국을 방문한 것은 아마 콩고에서 투쟁하려는 것을 중국 정부가 어떻게 생각하는지 알아보기 위해서였을 것이다. 이제 그는 몇몇 나라를 거쳐 탄자니아의 수도 다르에스살람으로 갔다. 탄자니아의 대통령 줄리어스 니에레레는 쿠바를 무조건 지지하는 사람이었다. 게바라는 이미 아프리카 저항 운동의 일부 지도자들을 우려한 바 있었다. 그는 그들이 준비도 안 돼 있고 혼란에 빠져 있으며 게으르다고 생각했다. 그런데 콩고 투쟁의 핵심 지도자 일부는 쿠바인들이나 그들의 신비한 지도자 '라몬'(게바라의 별명)을 만나기 위해 그곳에 오지도 않았다. 그들은 카이로에서 지루한 내부 논쟁과 분쟁에 빠져 있었다.

4월 24일 게바라는 탄자니아의 항구 키가메에서 탕가니카 호수를 건너 처음으로 콩고 땅에 발을 들여놨다. 그가 발견한 것은, 예상과 달리, 분열되고 규율 없는 부대였다. 그들은 투쟁과는 전혀 거리가 먼 사치스런 생활에 골몰하는 그 지도자들에게 잔뜩 화가 나 있었다.[134]

게바라는 충격을 받았다. 그는 또 프랑스어 통역자가 옆에 있기는 했지만 전사들과 의사소통을 하기가 무척 힘들었다. 앤더슨은 그 지역 사람들이 마법을 숭배하는 것을 게바라가 우려했다고 전한다.[135] 더 중요한 점은 쿠바인들이 그 지역의 지형을 충분히 연구하지 않았다는 것이다. 예컨대, 그들의 정글 훈련은 이런 산악지대의 깊은 협곡, 급경사면, 낭떠러지에 대비한 것이 아니었다.

콩고의 지리적·정치적 중요성을 부인할 수 없다. 그러나 이 광대한 나라의 상황은 엄청나게 복잡했다. 광물이 풍부한 카탕가 지역이 1964년 중반 모이제 촘베의 지도 아래 분리해 나갔고, 서방은 이를 부추겼다. 촘베가 불러 모은 용병부대는 영국인 대령 마이크 호어의 지휘 아래 충분한 보급을 받으며 반란군을 상대로 조직적인 전쟁을 벌이고 있었다. 촘베를 지지한 영국·벨기에·북아메리카 사람들은 이 '독립' 카탕가를 콩고 전체의 지배권 탈환을 위한 교두보로 여긴 것이 분명했다.

그해 중반까지 이 거대한 지역의 대부분을 통제한 세력은 좌파 민족주의 반군이었다. 그러나 그들은 결코 단결해 있지 않았다. 몇몇 무장 집단이 비록 말로는 '민족해방평의회'에 충성한다고 하면서도 자기들끼리 권력 쟁탈전을 벌이고 있었다. 중국과 소련이 서로 경쟁 집단들을 지원하자 상황은 더욱 복잡해졌다. 중국과 소련의 공산주의 세계 분할은 이제 공산주의 조직이 있는 모든 나라에서 재현되고 있었다.

1964년 말 서방의 개입과 카탕가의 용병 호어가 주도한 공세는 세력 균형을 바꿔 놓았다. 호어와 해방평의회 군대 사이의 첫 번째 교전이 [1965년] 6월 벤데라의 중요한 수력발전소에서 벌어졌다. 그때는 쿠바인들이 도착한 직후였다. 그것은 패주였고, 승자는 호어였다. 게바라는 일기에 좌절감을 적어 놓았다. 그러나 그는 또 놀랍게도 준비 부족, 지형과 정치 현실에 대한 인식 부족을 드러냈다. 다시 한 번 게바라는 주관적 요인들이 가장 중요하다는 확신 때문에 객관적 조건들을 무시한 것이다.

사실, 게바라 일행이 콩고에 도착할 때쯤의 상황은 1년 전과 사뭇 달라져 있었다. 내분은 격화하고 있었다. 게바라가 크게 신뢰했던 지도자 로랑 카빌라는 생각보다 훨씬 덜 유능함이 드러났다. 엎친 데 덮친 격으로, 게바라와 주변 사람들 다수가 말라리아에 걸려 고생했다. 그리고 게바라의 천식이 악화됐다.

한편, 콩고의 중앙 정부는 촘베와 협상을 모색하고 있었다. 그런데 바로 그달 6월에 — 쿠바인들이 적극 가담한 최초의 전투가 벌어진 — 아프리카에서 쿠바의 주요 동맹 세력 가운데 한 명인 알제리의 벤 벨라가 전복됐다. 게바라는 일기에 그달을 요약하며 이렇게 썼다. "혼란의 극치다." 촘베의 용병들, 레오폴드빌(지금의 킨샤샤)에 있는 중앙 정부에 대한 서방의 지원, 반군들의 혼란과 무능력, 이 모든 것이 결합돼 반군 세력을 천천히 파괴하고 있었다.

10월에 콩고 대통령 카사부부가 촘베를 쫓아냈다. 그 뒤 카사부부는 아프리카 각국 정부들의 회의에 참석해서 [카탕가] 분리 종식과 백인 용병들의 철수를 선언했다. 그 대가로 그는 그곳에 모인 사람들에게 반군에 대한 지원을 중단하라고 요구했다. 심지어 니에레레도 이에 동의했다. 콩고의 반란은 이제 끝났다. 1965년 11월 20일 게바라와 나머지 쿠바 전사들은 다시 탕가니카 호수를 건너 탄자니아로 돌아왔다.

콩고 원정은 재앙이었다. 그해 초에 이집트 지도자 나세르가 했던 말이 분명히 게바라의 귓가를 맴돌았을 것이다. 나세르는 게바라에게 이렇게 경고했다. "흑인들 사이에서 그들을 이끌고 보호하는, 또 하나의 백인 타잔이라 …… 말도 안 되는 소리요."[136]

게바라는 왜 콩고를 선택했을까? 미래의 쿠바 게릴라 전사들의 핵심을 훈련시킬 기회라고 생각했기 때문이라고 일부 사람들은 시사한다. 게바라 자신은 이렇게 말했다. "콩고가 지금 세계에서 가장 뜨거운 곳이기 때문에 나는 콩고로 갈 것이다. …… 우리가 카탕가에서 제국주의자들의 핵심적 이해관계에 타격을 가할 수 있다는 것이 내 생각이다."[137] 1년 전이었다면 그 말이 사실이었을지도 모른다. 그러나 게바라가 도착했을 때쯤에는 제국주의가 대응에 나선 뒤였고, 그것도 특히 무자비하게 대응하고 있었다. 콩고의 반군들은 훈련도 돼 있지 않았고, 내분을 겪고 있었으며, 규율도 없었다. 아마 게바라는 자신의 명성과 위세가 그들을 단결시킬 수 있을 것이라고, 또는 자신의 군사적 지식이 그들의 약점을 극복할 수 있을 것이라고 생각했을지 모른다. 그랬다면 그것은 순진하거나 오만한 생각이었다. 어쨌든, 그 참패는 일반 원칙들만으로는 부족하다는 증거였다. 즉, 특별한 투쟁 환경이 그 성격을 좌우한다.

게바라의 원정을 카스트로가 지지한 것은 사실이다. 부분적으로 그 이유는 카스트로가 콩고의 현실 상황에 대해 잘못 알고 있었기 때문이었다. 그때 이후 쿠바가 아프리카에서 적극적이었던 것은 사실이다. 특히, 1970년대에 앙골라와 아프리카의 뿔[아프리카 대륙 북동부 소말리아와 그 인근 지역]에서 그랬다. 그러나 당시 쿠바의 구실은 그 지역에 대한 소련의 이익과 긴밀하게 연결돼 있었다. 이것은 특히 소련의 동맹국인 에티오피아의 억압적이고 권위주의적인 정권을 지키기 위해 쿠바 병사들이 소말리족 반군에 맞서 싸운 경우에 그랬다. 비슷한 고려 사항들이 쿠바 부대의 콩고 파병 결정에 영향을 미친 것이 사실인지도 모른다.

게바라가 쿠바를 몰래 떠난 지 여섯 달 뒤인 1965년 10월에 카스트로는 유명한 게바라의 작별 편지를 공개했다. 그 편지에서 게바라는 관직을 사퇴하고 쿠바 시민권을 포기한다고 밝혔다.

> 당신이 나에게 서서히 가르쳐 준 신념, 우리 민중의 혁명적 정신, 가장 신성한 의무 — 어디서든 제국주의에 맞서 투쟁하는 것 — 를 이행하고 있다는 느낌을 새로운 전장으로 가져갑니다. …… 내가 하고 싶은 말은 쿠바를 모든 책임 — 나 자신한테서 비롯한 책임을 제외한 — 에서 면제시켜 준다는 것입니다.[138]

그것은 카스트로를 칭송하는 찬가였다. 그것은 또 아프리카에서 발생할 어떤 일에 대해서도 카스트로나 쿠바 국가는 책임이 없음을 밝히는 문서이기도 했다. 그러나 문제는 여전히 남는다. 카스트로는 왜 하필 그때 편지를 공개하기로 결심했을까? 그것은 게바라와 그 쿠바인 동지들에게 커다란 어려움을 가져다주었고, 그들이 보기에 거기서는 뭔가 배반의 냄새가 났다. 그것은 또 게바라가 몰래 조용히 돌아가는 것 외에는 쿠바로 돌아갈 수 없게 만들어 버렸다.

게바라는 한동안 다르에스살람에 머물다가 프라하로 갔다. 쿠바 출신의 동지들과 프라하에서 토론하는 과정에서 그는 볼리비아에 가서 투쟁하기로 결심했다. 그가 볼리비아를 선택한 이유에 대해서는 약간 논쟁이 있다.[139] 그러나 체코의 수도에서 머무른 12주 남짓 기간이 게바라의 인생에서 가장 어두운 시기였다는 점은 다들 인정한다. 그는 몸이 좋지 않았고, 구식 소련 감기약 때문에 병이 더 악화됐다. 또 그는 혼자였다. 알레이다가 그를 찾아왔지만, 그들의 관계는 그가 콩고로 떠나기 전에 이미 한계점에 이를 만큼 틀어져 있었다. 그에게 조언과 압력이 쏟아져 들어왔지만, 그의 미래는 아직 결정되지 않았다.

제14장
마지막 여정

　최종 결정은 당연히 카스트로와 쿠바 보안기관 총수 마누엘 피녜이로가 함께 내렸을 것이다. 게바라 자신은 아르헨티나로 돌아가기를 원했지만, 그의 동맹 세력들은 이미 죽었거나 감옥에 있었다. 베네수엘라의 게릴라들이 그런대로 자리를 잡고 있었지만, 내분을 겪고 있었고 복잡한 이유들 때문에 게바라가 오는 것을 반대하고 있었다. 페루의 게릴라들은 얼마 전 궤멸적인 패배를 겪었다.

　프라하에서 토론 끝에 볼리비아로 가기로 결정했다. 볼리비아는 1964년에 마세티의 게릴라들이 아르헨티나 습격을 준비하며 결집한 곳이었다. 게바라는 콩고 사태 이후 사기가 떨어지고 카스트로가 작별 편지를 공개하는 바람에 주변화되고 무시당했다고 느꼈을 것이다. 그래서 아르헨티나 게릴라 전략을 옹호해야 한다는 생각이 그의 머릿속을 꽉 채우고 있었을 것이다. 그런 의미에서 볼리비아는 아르헨티나 북부에 게릴라 포코를 재건하기 위한 중간 단계에 지나지 않았다. 그 일을 프라하 도심의 작은 노동자 아파트에서 조직한다는 것은 물론 터무니없는 얘기였다. 그러나 게바라는 아바나로 돌아가기를 매우 꺼렸고, 오랜 동지이자 쿠바의 가장 유력한 관리 중 한 명인 라미로 발데스가 와서 설득한 뒤에야 몰래 쿠바 수도로 돌아가 게릴라 부대를 조직하기 시작했다.

에르네스토 체 게바라가 쿠바로 돌아온 것은 1966년 7월 중순이었다. 환영식 따위는 없었다. 그는 곧장 외딴 곳으로 가서 볼리비아 게릴라 조직을 훈련시키기 시작했다. 쿠바와 볼리비아 학생들이 뒤섞인 조직이었다. 게바라가 어디를 가든 카스트로의 최측근 중 한 명인 음흉한 피녜이로가 따라다녔다.

볼리비아 과업이 카스트로의 개인적 승인을 확실히 받았는지 아닌지는 여전히 불명확하다. 게바라는 큰 기대를 하지 않고 쿠바로 돌아왔지만, 조직을 하기에는 쿠바가 동유럽보다 더 낫다는 점은 인정했다. 나중에 카스트로는 게바라가 엄청 조바심을 냈다고 증언하며, 게바라의 준비가 성급하고 불충분했다는 듯이 암시했다.[140] 그럼에도 게바라는 자신이 보낸 밀사들이 사전 작업을 하며 준비하는 동안 11월까지 쿠바에 머무르고 있었다.

그것은 무분별한 과업이었을까? 왜 게바라는 볼리비아 게릴라들이 최대한 빨리 자리를 잡아야 한다고 그토록 완고하게 주장했을까? 콩고 재앙 이후에 자신의 견해를 옹호해야 한다는 절박한 필요를 느꼈기 때문일까? 아니면 그가 여전히 반제국주의 투쟁에 특히 유리한 역사적 시기라고 확신했기 때문일까? 분명히 둘 다 작용했을 것이다. 그는 또 카스트로의 최근 연설 논조에서 영향을 받았을지도 모른다. 카스트로는 다시 라틴아메리카 혁명의 기치를 치켜들고 있었다. 물론 모스크바는 이를 싫어했지만 말이다. 카스트로는 1967년 1월 '3대륙 회의'를 준비하며 제3세계 해방 전사들을 지지하는 공개 선언을 하는 쪽으로 기울고 있었다. 아마 그것은 소련과 중국 둘 다로부터 어느 정도 독자성을 확보하기 위한 방편이었을 것이다. 돌이켜 보면, 이것이 카스트로의 어떤 진지한 방향 전환을 뜻하지는 않았음이 분명한 듯하다. 설사 그런 것이 있었다 해도 그것은 전술적 변화, 카스트로가 그토록 능숙하게 해 왔던 실용주의적 적응이었을 뿐이다. 카스트로는 게바라의 계획을 물질적으로 지원했지만, 결코 공개적으로 승인하지는 않았다. 그러나 게바라가 보기에 이것은 자신의 전략을 옹호할 수 있는 가능성을 제공해 주었다. 어쨌든 그는 18개월 전만 해도 가는 곳마다 박수갈채를 받았던 국제적으로 유명한 혁명가였다.

다른 선택의 여지가 있었다면, 게바라는 볼리비아가 라틴아메리카 게릴라 투쟁의 시발지로 최적의 장소가 아니라는 점을 심사숙고했을지도 모른다.[141] 그 몇 달 전에는 페루가 훨씬 더 유망한 곳처럼 보였지만, 1966년 말쯤에는 페루의 두 주요 게릴라 조직 지도자들이 사망했고 그 대원들은 뿔뿔이 흩어져 버린 상태였다. 아마 볼리비아는 게바라가 여전히 최우선 과제로 생각하고 있었던 아르헨티나의 게릴라 군대 건설을 위한 중간 단계이자 후방 기지로서 그의 머릿속에 심어져 있었을 것이다.

나중에 카스트로는 볼리비아를 자신이 제안했다고 주장했다. 그러나 게바라는 게릴라 전략에 집착했고, 아르헨티나·페루·과테말라에서 게릴라 전략이 실패한 것을 보며 그 전략에 의문을 품은 게 아니라 오히려 확신을 더 굳힌 듯하다. 어떤 의미에서 볼리비아는 혁명적 운동을 건설하기에 적절한 곳으로 보였을 수도 있다. 1952년에 노동 계급이 주도한 운동이 혁명으로 발전해 좌파 민족주의 정부가 들어섰다. 그 정부를 주도한 세력은 빅토르 파스 에스텐소로가 이끄는 민족혁명운동(MNR)이었다. 그 정부는 볼리비아의 주요 수출 소득원, 즉 주석 광산을 국유화했다. 여러 가지 복잡한 이유 때문에, 이 대중 투쟁의 고양 이후 일련의 타협과 배신이 뒤따랐다. 1960년대 초 광부노조와 볼리비아 노총(COB)은 또다시 국가에 맞서 투쟁을 벌이고 있었다.

1964년 다시 대통령이 된 파스 에스텐소로가 공군 장교 레네 바리엔토스가 주도한 군사 쿠데타로 쫓겨났다. 2년 뒤 바리엔토스가 대통령이 됐다. 상황은 복잡했다. 볼리비아는 지리적으로 크게 두 지역으로 나뉜다. 안데스 산지와 광대한 알티플라노 고원 지대는 볼리비아 광물 자원의 원천이며 아이마라어(語)를 사용하는 원주민들 — 수백 년 동안 광산의 노동력을 제공해 온 — 의 고향이다. 그러나 볼리비아 동부에는 코차밤바와 석유 산지 카미리 주변의 비옥한 계곡과 열대우림 지역이 펼쳐져 있다.

볼리비아 대중 투쟁과 저항의 놀라운 역사는 광산 지역에서 탄생했다. 1964년 쿠데타 뒤 바리엔토스는 이들 광산 지역의 노동 운동 지도자들을 집중적으로 탄압했다. 1년 동안 끔찍한 탄압이 계속되자 그의 권력은 강화됐고 노동자 조직들은 거의 완전히 진압됐다. 그러나 바리엔토스는 동부 지역에서 대중의 지지를 얻고 있었다. 왜냐하면 그 전 3~4년 동안 20만 명 이상의 농민들에게 땅 뙈기를 나눠 준 토지 개혁을 (비록 선별적이나마) 계속하겠다고 약속했기 때문이다. 이 농민들은 게릴라 군대의 중추가 될 것이라고 게바라가 주장했던, 토지를 갈망하는 농민들이 아니었다. 오히려 그들의 태도는 보수적이었고 혁명적 활동을 의심했다. 특히, 외국인들의 혁명적 활동은 더욱 그랬다. 그러나 게바라가 첫 번째 게릴라 포코를 건설하려고 선택한 곳은 바로 이런 지역인 냥카우아수였다. 그곳은 볼리비아의 빛나는 혁명적 전통의 중심지와 정반대되는 곳이었다.

농민들이 게릴라들을 지지할 가능성은 별로 없었다. 볼리비아에서 가장 중요한 혁명적 세력은 아주 다른 지역에 뿌리를 두고 있었고 잠시 혼란을 겪고 있었다. 더욱이 냥카우아수 지역의 지형은 게바라가 《게릴라전》에서 이야기한 이상적인 지형과 아주 달랐다. 그리고 라틴아메리카의 다른 곳에서 게릴라전 전략은 잇따라 패배를 겪었다. 객관적 조건은 가망이 별로 없었다.

그러나 그해 1월 아바나에서 열린 3대륙 회의에서 카스트로는 그 지역 공산당들의 점진주의적 강령을 멀리한 채 라틴아메리카의 혁명이라는 전망을 다시 채택하는 것처럼 보였다. 그리고 볼리비아 공산당 사무총장 마리오 몬헤가 한동안 아바나에 머무르며 [게바라의] 무장 투쟁을 지원하겠노라고 카스트로에게 약속했다. 그 지원은 결코 실현되지 않았고, 그것은 게바라의 볼리비아 게릴라들이 실패한 주요 이유였다. 그러나 당시 볼리비아의 정치 상황을 아는 사람이라면 어느 누구도 몬헤의 배신에 놀라지 않을 것이다.

다른 나라 공산당들과 마찬가지로 볼리비아 공산당도 중-소 분쟁 뒤에 분열했다. 중국의 입장(마오주의)을 채택한 사람들은 소련이 서방과 평화 공존을 추구하는 것을 비판하며 농촌 무장 투쟁 사상을 지지했다. 1965년에 볼리비아의 주요 마오주의 정당인 PCML이 결성됐다. 그 지도자 오스카 사모라가 이듬해에 쿠바에 와서 게바라에게 병참 지원을 약속했다. 이것은 상당히 중요했을 수도 있었는데, 왜냐하면 공산당이 민족주의 정부와 결탁한 것을 비판하는 주장이 많은 주요 노조 지도자들의 공감을 샀고, 특히 일부 주요 광부 지도자들도 이에 공감했기 때문이다. 그러나 카스트로는 사모라가 아바나에 머무르는 것에 만족하는 한편, [정치적] 거래는 몬헤나 볼리비아 공산당에 집중했다. 무장 투쟁을 지원하겠다는 몬헤의 제안은 그 지역 다른 공산당들의 정책에 어긋나는 것이었고, 진지한 방향 전환이라기보다는 사모라의 허를 찌르려는 술책이었음이 틀림없었다.

3대륙 회의에서는 게바라의 메시지가 낭독됐다. 그것은 그의 마지막 공개 선언이자 아마 가장 유명한 공개 선언일 것이다. 그것은 19세기 쿠바 독립 운동의 지도자이자 19세기 쿠바의 가장 위대한 시인인 호세 마르티의 유명한 말을 인용하는 것으로 시작한다.

지금은 시련의 시간이며, 오직 빛만 봐야 한다.[142]

그러나 미국 제국주의가 베트남 전쟁을 격화시키고 전 세계 해방 운동들에 대한 억압을 지원하자 세계 전역에서 반향을 불러일으키게 된 구절은 "베트남을 하나, 둘, 셋, 더 많이 만들어 내자"는 게바라의 기원이었다. 아마 그가 볼리비아 과업을 추진한 주요 동기도 결국 그것 ― 많은 반제국주의 전선들 가운데 최초의 전선을 창출하는 것 ― 이었을 것이다. 그는 이제 자본주의가 존속하는 한 투쟁은 끝날 수 없다는 것을 분명히 밝혔으며, 미래의 투쟁을 고무하기 위해 "우리의 삶, 우리의 희생"을 바친다고 선언했다. 그러나 그 희생이 그토록 빨리 오리라고 그가 예상했다고 보기는 힘들다.

1966년 10월 15일은 게바라와 그 일행이 떠나기로 한 날이었다. 한 관찰자가 게바라와 카스트로의 마지막 대화를 기록했다. 비록 그는 멀리 떨어져서 볼 수밖에 없었지만 말이다.

카스트로가 말을 하는 동안 게바라는 딴 데를 보며 말없이 듣고 있었다. 카스트로는 열을 올렸지만, 게바라는 차분했다. 마침내 카스트로는 볼리비아 원정의 태생적 문제와 정황적 문제를 모두 다 늘어놓았다. 그는 의사소통의 부족, 몬헤의 머뭇거림, 인티 페레도와 코코 페레도의 조직적 약점을 강조했다. 그는 게바라를 만류하려 했거나 적어도 출발을 연기시키려 했다. …… 카스트로는 게바라의 완고함에 질렸다는 시늉을 했다. 그들은 한참 동안 말없이 앉아 있었다. 이윽고 카스트로가 일어나 가 버렸다. 게바라는 그의 생애 마지막으로 잔뜩 조바심을 내고 있었다.[143]

게바라가 조바심을 낸 이유는 그 어설픈 계획이 시작부터 꼬이고 있음을 그도 알고 있었기 때문이다. 라파스에 있는 연락책, 오래 전부터 헌신적이었던 협력자 해리 '폼보' 비예가스가 이미 9월 말에 작전 관련 우려 사항을 전해 주었다.[144] 레지 드브레도 마찬가지였다. 파리의 소르본대학교 출신 대학원생 드브레는 게바라의 사상을 일반화한 ≪혁명 속의 혁명≫을 써서 전 세계적 반향을 불러일으킨 바 있다.[145] 특히 카스트로가 드브레를 좋아했다. 드브레는 볼리비아의 일반적 상황을 분석해 게바라에게 조언해 달라는 요청을 받았다. 사실, 드브레는 게릴라전 이론의 열렬한 옹호자이기는 했지만 볼리비아의 포코에 대해서는 별로 열의가 없었다. 아마 이 때문에 카스트로도 그토록 냉담했을 것이다. 그러나 게바라는 완고했다.

폼보의 메시지가 시사하는 바는 몬헤와 볼리비아 공산당을 여전히 잘못 알고 있었다는 것이다. 폼보와 드브레는 특히 사모라 주변의 마오주의자들과 접촉하고 있었고, 그런 연계가 끊어지는 것에 저항했다. 그러나 머지않아 온갖 주장이 난무하기 시작했고, 동시에 몇 가지 의제가 일정에 오르게 됐다.

최초의 게릴라 기지 후보지 세 곳 가운데 게바라는 냥카우아수의 마을을 선택했다.

볼리비아 전 지역에서 게릴라전, 특히 포코 방식의 게릴라전을 벌이기에 [냥카우아수보다] 이보다 안 좋은 곳을 찾기도 힘들 것이다. …… 그 지역은 험준한 산, 복잡한 하천, 좁고 깊은 산골짜기가 있는 곳이다. 그곳은 좋은 은신처이기는 하지만 돌아다니기도 힘들고 방어할 수 있는 경계선도 없는 곳이다. …… [그곳은] 인구도 희박하고, 적정 규모의 땅을 보유한 그곳 농민들은 아주 편협한 생각을 갖고 있으며 …… 심각한 불만이나 급진적 정치 성향을 보여 준 적이 한 번도 없다.[146]

게바라의 선택을 설명할 수 있는 요인은 그곳이 아르헨티나 국경에서 가장 가깝다는 것과 게바라가 실제로는 볼리비아 자체의 상황에 그다지 관심이 없었다는 것뿐이다. 그러나 다른 정치적 관점에서 보면, 볼리비아는 중요한 투쟁 장소였을 것이다. 볼리비아에는 용감하고 지속적인 노동 계급 투쟁의 오랜 전통이 있었으며, 노동조합 조직 수준도 높았고 혁명적 전통의 뿌리도 깊었다. 그런 전통의 핵심은 광산지대와 라파스 시 주변의 고지에 있었다. 당시는 대공세를 펼치기에 이상적인 순간은 아니었지만, 정치 조직을 참을성 있게 재건하기에는 절호의 기회였을 것이다. 특히, 게바라의 엄청난 도덕적 권위가 뒷받침됐다면 더욱 그랬을 것이다. 그러나 게바라는 게릴라전 사상에 집착했고, 그의 혁명관에서는 조직 노동 계급이 혁명의 핵심 주체가 아니었다.

10월 말 게바라는 브라질에서 국경을 넘어 볼리비아에 도착했다. 냥카우아수에서는 준비가 계속 진행되고 있었다. 12월에 마리오 몬헤가 도착했다. 1960년에 게바라가 유럽 순방 중 동독에서 통역자로 만난 적이 있는 타니아(타마라 분케)와 함께였다.

게바라의 일기는 12월 31일의 만남을 기록하고 있는데, 이를 보면 몬헤의 진정한 동기를 알 수 있다. 몬헤는 게릴라 지도부를 책임지기 위해서 당직을 사퇴하겠다고 말했다. 그는 또 라틴아메리카의 다른 정치 조직들과의 관계를 자신이 주도해야 한다고 주장했다. 이 점에 대해서 게바라는 단호했다.

> 나는 결코 그의 두 번째 주장을 받아들일 수 없었다. 내가 군사 지도자였고, 그 점은 두말하면 잔소리였다. 논의는 이 지점에서 난관에 봉착했고, 그때부터 우리의 이야기는 겉돌기 시작했다.[147]

볼리비아 공산당과 게바라의 게릴라 부대 사이의 관계는 사실상 그날 밤에 끝났다. 몬헤는 당 지도부 사이에서 신뢰가 떨어졌고—그가 당 지도부의 의사를 어느 정도 대변했는지 결코 분명하지 않았다—볼리비아 공산당은 말로는 게바라를 계속 지지했지만 실천에서는 당원들이 그를 도울 수 있는 길을 완전히 봉쇄해 버렸다. 한편, 마오주의자들은 말은 많았지만 실제 행동은 거의 없었다. 소수의 광부들이 마침내 도착하기는 했지만, 그들은 옛 광부 지도자인 모이세스 게바라가 이끄는 소규모 분파였다. 볼리비아 신병 충원 약속이 실현되지 않을 것이라는 점이 분명해졌다. 보급품도 부족했고, 일부 대원들은 정치적이라기보다는 금전적인 이유 때문에 기지에서 움직이려 하지 않았다. 조짐이 불길했다.

1월에 게바라는 게릴라들을 훈련시키기 위해 세 그룹으로 나눴다. 병사 네 명을 뒤에 남기고, 나머지 병사들이 원정에 나섰다. 그 원정은 나흘 예정이었다. 그러나 그들은 여섯 주가 지나서야 돌아올 수 있었다. 몇 번이나 길을 잃고, 급물살과 싸우고, 모기떼에 시달리다 주린 배를 움켜쥐고 돌아왔을 때는 지칠 대로 지쳐 있었다. 그 과정에서 세 사람이 익사했다. 게바라의 몸무게는 8킬로그램이나 빠졌고, 눈은 움푹 들어갔으며, 얼굴은 수척해졌다. 3월 19일 그가 기지로 돌아와 발견한 것은 그의 정신 상태에 전혀 도움이 안 됐다.

농장 주변에서 벌인 활동은 현지 농민들의 반갑지 않은 주목을 받았다. 많은 사람의 출입은 거의 틀림없이 의심을 사기 마련이었다. 첩보를 입수한 군대가 이틀 전에 급습했었다. 그들은 한 쿠바인의 일기와 게바라를 포함한 대원들의 얼굴을 그린 그림들을 발견했다. 3월 23일 게릴라들과 정부군이 처음으로 전투를 벌였다. 병사 7명을 살해했고 나머지 척후병들을 포로로 잡았다. 그러나 1주일이 채 안 돼 게릴라들은 기지를 빼앗기고 이동해야 했다.

그 포코는 제대로 작동할 준비가 돼 있지 않았다. 그들은 보급품을 모두 가져갈 수 없었고, 훈련도 분명히 불충분했다. 그때 이후 40명의 게릴라들은 1천5백 명의 정부군에게 계속 쫓기게 된다. 기지에서 도망치기 직전에 두 사람이 새로 왔다. 아르헨티나의 예술가 시로 부스토스와 '약방의 감초' 레지 드브레였다. 그들을 그 지역 밖으로 내보내야 한다는 것이 분명했기 때문에 게바라는 어쩔 수 없이 그 작은 부대를 둘로 쪼개야 했다. 한 부대는 그 둘을 데리고 안전하게 남쪽으로 이동하도록 했다. 그러나 그들은 떠나자마자 붙잡혀 버렸다. 드브레 체포 사건은 국제적 뉴스였고 게릴라들은 언론의 집중 조명을 받게 됐다. 그 뒤 며칠 동안 카미리 마을로 갑자기 방문객들이 몰려들었다. 그 중에는 (이탈리아의) 펠트리넬리와 (프랑스의) 프랑수아 마스페로 같은 출판업자들, (영국의) 지도적 트로츠키주의자 타리크 알리도 있었다.

불리한 지형에서 이제 게릴라들은 고립되고 연락이 끊겼다. 게바라는 일기에 4월을 요약하며 이렇게 썼다.

우리는 완전히 고립돼 있다. 몇몇 동지가 병에 걸렸기 때문에 우리는 부대를 나누지 않을 수 없었고, 이 때문에 우리의 사기는 크게 떨어졌다. 농민 기반은 아직 발전하지 않았다. 물론 억압 때문에 대다수 농민들은 적어도 중립을 지키겠지만 말이다. 그들의 지원을 기대하기는 아직 이르다. 아무도 가입하지 않았고, 두 사람의 죽음 외에도 우리는 로로를 잃었다. 그는 타페리야스 전투 이후 실종됐다.[148]

6월쯤 의약품도 부족하고 제대로 먹지도 못한 데다 천식까지 악화된 게바라는 당나귀 등에 실려 이리저리 돌아다녀야 했다. 그러나 게릴라들이 계속 정부군에 쫓기는 동안 광부들이 또다시 볼리비아 정치의 전면에 등장했다. 4월 말에 새로운 운동이 시작됐고 뒤이어 안데스 산지 전역에서 시위들이 벌어졌다. 6월 23~24일 산 후안(성 요한) 축일 밤에 군대가 야야구아 광산촌에서 집회를 하고 있던 광부들과 그 가족들을 학살했다. 온 나라가 충격과 분노에 휩싸였다. 군대가 그 지역을 점령하고 있었는데도 살해당한 광부들과 가족들의 장례식에 3만 명이 참가했고, 광부들은 2주 동안 총파업을 계속했다.

며칠 뒤 게릴라들은 "볼리비아 광부들에게 보내는 성명서 5호"를 발표했다.[149] 그것은 오만하고 비현실적이었으며, 게바라의 사상이 노동 계급의 자기 해방과 얼마나 거리가 먼지를 보여 주는 여러모로 놀라운 문서였다.

우리는 지금 노동 계급 일부의 거듭된 전술적 오류에서 비롯한 패배에서 회복되고 있다. 우리는 이 체제를 위에서 아래로 변혁할 심층적인 사회 혁명을 위해 이 나라를 참을성 있게 준비시키고 있다.[150]

이것은 20명도 채 안 되는 소수의 고립된 부상자 집단이 내놓은 성명서다. 머지않아 그들은 모두 사라지게 된다. 8월에 쿠바인 호아킨이 이끄는 다른 부대가 적군의 매복에 걸려 모두 살해당했다. 몇 시간 뒤에 게바라는 그 현장을 지나면서도 그 사실을 전혀 눈치 채지 못했다. 9월에는 겨우 17명의 게릴라들이 남았고 그들은 몇몇 집단으로 분열했다.

10월 8일 게바라는 정부군에 붙잡혔다. 약이 떨어져 천식이 악화된 게바라는 젊은 광부의 등에 업혀 케브라다 델 유로라는 가파른 골짜기를 따라 이동하고 있었다. 24시간 뒤에 그는 죽었다. 라 이게라 마을의 교실에서 미군 군사 고문들이 지켜보는 가운데 볼리비아 군대에게 살해당했다. 살아남은 게릴라는 겨우 다섯 명 — 국경을 넘어 칠레로 도망친 폼보 등 쿠바인 세 명과 볼리비아인 두 명 — 뿐이었다.

게바라의 게릴라 작전 실패와 그 전략의 주요 결함 —《혁명 속의 혁명》에서 드브레가 주장한 혁명적 게릴라전 이론뿐 아니라 — 은 일종의 군사적 전위주의라고 부를 만한 것에서 비롯했다. 민중 혁명을 게릴라전의 특별한 형태로 환원하는 게바라의 전략과 드브레의 초기 저작들은 불의한 정권에 맞선 혁명적 투쟁을 시작하는 군사적 측면을 지나치게 강조했다. 그리고 그들은 혁명 투쟁의 성공에 필요한 민중적 지지 기반을 조직하는 정치적 차원은 무시했다.[151]

볼리비아의 경험은 군사와 정치의 분리, 혁명가들과 노동 계급의 분리가 어떤 결과를 낳는지 생생하게 보여 준다. 아바나의 혁명기념관에는 게바라의 볼리비아 경험을 기념하는 특별한 방이 따로 마련돼 있다. 그것은 영웅적이고 장엄하며 모범적인 것으로 묘사된다. 그러나 이것이 게바라의 집요한 주장—혁명가의 의지가 객관적 조건을 극복할 수 있고 개인이 계급 전체의 운동을 대리할 수 있다는—에서 비롯한 끔찍하고 값비싼 실패였다는 쓰라린 진실을 인정하지 않는 것은 결코 게바라를 기념하는 데 도움이 되지 않는다. 그 길은 순교로 가는 길이지 사회 혁명을 향한 길이 아니다.

제15장
죽음과 부활

 그때도 지금처럼 체 게바라의 얼굴은 혁명적 희망의 상징이었다. 그의 죽음은 그를 신성하게 만들었지만 정치적 교훈들도 남겼다. 그러나 당시 그 교훈을 배울 준비가 돼 있는 사람은 거의 없었다. 볼리비아의 교실 책상 위에 누워 있는 그의 수척한 얼굴과 벌거벗은 상반신 모습을 찍은 사진이 전 세계를 떠돌았다. 그때는 바로 반란의 해 1968년의 직전이었다.[152]

 쿠바에서 1968년은 게바라를 기념하는 '영웅적인 게릴라의 해'였다. 죽은 영웅은 살아있는 신화가 됐다. 게바라의 유명세 덕분에 쿠바 혁명은 1968년의 운동들과 동일하게 여겨졌고 쿠바는 여전히 세계 혁명 운동의 중심지를 자처할 수 있었다.

 [제국주의의] 공격에 맞서 영웅적으로 싸우는 작은 나라에 대한 동정의 물결을 이용해 카스트로가 1967년 말에 [세계] '지식인 대회'를 소집한 것도 바로 그때였다. 자신들이 박수갈채를

보내고 있는 대상이 이미 과거 속으로 사라지고 있다는 사실을 깨달은 대표단은 거의 없는 듯했다. …… 그리고 약간 히피 스타일의 모습을 한 게바라 포스터들이 1968년에 나타나기 시작했다.[153]

게바라의 이미지는 국민들에게 여전히 물질적 희생을 요구하는 쿠바 혁명의 집단적 이데올로기를 강화하는 데 도움이 됐다. 카스트로의 미사여구에 담긴 도덕적 확신은 포위당한 혁명의 경제적 불안정성과 정확히 대비됐다. 그러나 당시 자신의 이미지와 쿠바 국가가 융합할 수 있는 토대를 놓은 것은 바로 게바라 자신이었다. 어떤 점에서, 특히 그의 마지막 저작들에서 게바라는 카스트로에 대한 경외심 같은 것을 표명한 바 있었다. 이제 카스트로는 자기 자신을 정당화하기 위해, 그리고 소련으로부터 모종의 독립을 유지하려는 마지막 시도를 상징하는 신화로 게바라를 이용했다.

1969~1970년의 설탕 수확(그란 사프라, 즉 대수확)은 경제의 종속성을 벗어나 대도약하려는 마지막 노력이었다. 게바라가 주창한 자발적 노동과 자기 희생적인 사회주의 의식의 이름으로 사회 전체가 설탕 수확에 동원됐다. 그것은 대성공이긴 했으나, 충분한 잉여를 확보할 수 있는 목표량인 1천만 톤에는 훨씬 못 미쳤다. 그런 충분한 잉여가 있어야 새로운 공업 부문에 투자할 수 있는데 말이다. 1970년이 되자 카스트로는 쿠바를 소련의 영향권으로 편입시키는 데 만족했다. 그 뒤 10년 동안 쿠바 군대의

아프리카 주둔은 소련의 외교 정책 목표에 따라 결정되고 좌우됐다. 물론 쿠바 군대가 이동할 때마다 이타적 연대라는 미사여구가 따라다니긴 했지만 말이다. 쿠바 섬 자체에서 그런 대로 괜찮은 기본 생활수준이 보장되자 경제적 독립에 대한 열망이 점차 줄어들었다. 권력이 국가·당·군대의 상층 소수에게 집중되면서 민주주의 약속은 무기한 연기됐다.[154]

의지와 혁명적 정신에 대한 강조 대신 내부의 작은 차이 — 노동자들 사이의 차이, 관료와 노동자 사이의 차이 등 — 가 부각되자, 게바라의 혁명적 몽상주의(유토피아니즘)도 점차 타당하지 않은 듯했고 게바라에 대한 기억도 혁명 영웅들이 안치된 신전의 중앙에서 밀려났다. 그러나 1986년 동유럽의 지원이 중단되고 1989년 공산권 전체가 무너진 뒤 쿠바가 각종 재앙에 홀로 맞닥뜨려야 했을 때 우상으로서 게바라의 지위가 되살아났다. 카스트로는 심각한 경제적 곤궁이 닥칠 것을 알고 있었고, 위기의 시대에 대중이 더는 부패와 소수의 풍요, 다수의 빈곤을 참으려 하지 않으리라는 것도 알고 있었다. 그리고 시장의 힘에 맞서 쿠바 노동자들이 사용할 수 있는 유일한 무기가 그들 자신의 이익을 지키기 위해 행동할 수 있는 능력뿐인 상황에서 진정한 민주주의의 부재는 결코 정당화될 수 없었다.

카스트로에게 그것은 생존의 문제였다. 자기 자신의 생존, 그리고 무자비한 미국의 경제 봉쇄에서 여전히 벗어나지 못한 쿠바 국가의 생존이 걸린 문제였다. 이를 위해 그는 이른바 '교정' 과정을 시작했고, 시에라 시절 동지의 유령을 다시 불러냈다.

체 게바라는 '교정 과정'을 지도하는 가치들의 상징이었다. 게바라를 다룬 책뿐 아니라 신문 기사들도 많아졌다. …… 게바라 사후 20주년 연설에서 카스트로는 쿠바가 지금 게바라의 사상, 게바라의 스타일, 게바라의 정신에 맞지 않는 것은 모두 교정하고 있다고 말했다. 카스트로는 쿠바인들이 혁명적 정신, 혁명적 노동, 혁명적 미덕, 혁명적 노력, 혁명적 책임에서 벗어난 것들을 교정해야 한다고 — 그리고 그런 것들이 많다고 — 말했다.[155]

게바라의 말을 인용한 대형 광고판들이 고속도로를 따라 죽 늘어섰고 아바나의 관공서 벽에도 내걸렸다. 게바라의 이타주의, 다른 미래에 대한 비전, 청렴결백을 이용해, 불리한 처지에서 경쟁적인 세계 시장으로 진입하는 사회의 현실을 숨겼다. 그리고 그 불리함은 국민 대중의 더 많은 물질적 희생으로만 상쇄할 수 있었다. 그러나 그 결과 재빨리 성장한 사람들과 눈에 띄게 부유해진 사람들도 있었다.

여기에 아이러니가 있었다. 투쟁과 혁명적 고결함의 상징으로 게바라를 이용한 권위주의 정권이 사실은 게바라의 이름으로 그토록 격렬하게 비난하는 바로 그 잘못들에 책임이 있었기 때문이다. 혁명 50년의 현실을 몸소 겪어 온 쿠바인들에게 이런 희생을 호소하는 말은 분명히 공허하게 들릴 것이다. 그들은 버스 대용으로 쓰이는 가축 운반 차량을 몇 시간씩 줄서서 기다리는 반면, 새로운 부자들은 메르세데스나 도요타 자동차를 타고 거리를 누빈다.

그러나 쿠바 외부에서는 새로운 세대가 게바라의 이미지를 부활시키고 재발견했다. 그들은 더 좋은, 더 인간적인, 더 정의롭고 평등한 세계를 갈망한다. 게바라는 착취와 전쟁에 대한 그들의 비판을 상징한다. 게바라는 더 나은 미래 세계에 대한 그들의 희망이다.

물론 게바라의 얼굴을 단지 스타일 — 역사가 없는 이미지, 복잡하고 모순된 생애를 빼버린 이미지 — 로 판매하는 사람들도 있다. 이들은 인간 정신의 어떤 표현이든 모두 직접적인 소모품으로 만들어 내는 상품 제조꾼들이다. 게바라는 그들의 피해자이기도 하다.

그러나 게바라의 얼굴이 그려진 티셔츠를 입거나 사파티스타의 스카프를 두르거나 붉은 별이 박힌 베레모를 쓴 수많은 사람들은 전혀 다른 것을 표현하고 있다. 반자본주의 운동에서 그것은 "다른 세계가 가능하다"는 말로 나타난다. 게바라의 이미지는 한 국가의 소유가 아니며 어느 국가의 소유도 아니다. 그것은 그를 재발견한 운동의 소유다. 그가 간직한 혁명적 의식은 종교적 정신이 아니다. 혁명에는 성인들이 아니라 투사들이 필요하다. 그 투사들의 삶, 오류와 오판은 그 상징들과 마찬가지로 그들이 남긴 유산의 일부다.

어쨌든 혁명을 일으키는 것은 인간이고, 인간은 좋든 나쁘든 과거에서 실천적 교훈을 얻는다. 그런 교훈은 인간이 사회주의 세계를 건설할 수 있는 그들 자신의 집단적 힘을 깨닫고 발휘하는 데 도움이 될 것이다.

후주

1 Tony Cliff, *State Capitalism in Russia* (London : Bookmarks, 1996)[국역 : ≪소련 국가자본주의≫, 책갈피] 참조.
2 Tom Hayden (ed). *The Zapatista Reader* (New York : Thunders Mouth Press/Nation Books, 2002) 참조.
3 John Lee Anderson, *Che Guevara : A Revolutionary Life* (London : Bantam Press, 1997), p21.
4 Paco Ignacio Taibo II, *Ernesto Guevara, También Conocido Como El Che* (Mexico : Joaquín Mortiz, 1996), p27.
5 그리고 그가 옳았다. Uki Goñi, *The Real Odessa* (London : Granta Books, 2002) 참조.
6 Che's father's book-Ernesto Guevara Lynch, *Mi Hijo el Che* (Havana : Arte y Literatura, 1988) 참조. 또 Pierre Kalfon, *Che : Ernesto Guevara, Une Legende du Siecle* (Paris : Éditions du Seuil, 1997), pp 39~41도 참조.
7 Anderson, pp24~25, 30~31 참조.
8 페론주의에 대한 통찰력 있는 분석은 Daniel James, *Resistance and Integration : Peronism and the Argentine Working Class* (Cambridge : Cambridge University Press, 1988) 참조.
9 M Lowy, *Marxism in Latin America* (New Jersey : Humanities Press, 1992), pp83~86에 실린 공산당 지도자 Vittorio Codovilla의 글 참조.
10 Jorge Castañeda, *Compañero* (London : Bloomsbury, 1997), p33.
11 Kalfon, p61.
12 체의 이 여행에 대한 설명은 *The Motorcycle Diaries* (London : Fourth Estate, 1996)[국역 : ≪체 게바라의 모터사이클 다이어리≫, 황매]. 또 Alberto Granado, *Con el Che Guevara* (Córdoba, 1995)도 참조.
13 Anderson, p62에서 인용.

14 F Diego García and Oscar Sola, *Che : Images of a Revolutionary* (London : Pluto Press, 1997), pp30~31 참조.
15 Taibo, p41ff.
16 장 코르미에가 쓴 *Che Guevara* (Paris : Gallimard, 1996)[국역 : ≪체 게바라 평전≫, 실천문학사]에는 그렇게 나와 있고, Matilde Sánchez도 *Che : Images of a Revolutionary*에서 어느 정도 그렇게 이야기하고 있다.
17 볼리비아 혁명에 대해서는 James Dunkerley, *Rebellion in the Veins* (London : Verso, 1984) 참조. 라틴아메리카 역사에서 광물이 차지하는 비중은 Eduardo Galeano, *Open Veins of Latin America* (London : Latin America Bureau, 1997) 참조. 그리고 자신의 광산촌 생활 경험을 탁월하게 묘사한 Domitila Barrios de Chungara의 *Let Me Speak* (London : Stage 1, 1978)도 참조.
18 Che Guevara, *Back on the Road* (New York : Grove Press, 2002), pp 17~18.
19 Castañeda, p64.
20 Anderson, p123.
21 *The Motorcycle Diaries*, pp150~152의 '여백에 쓰는 이야기' 참조.
22 Stephen Schlesinger and Stephen Kinzer, *Bitter Fruit* (New York : Anchor, 1983) 참조. 중앙아메리카에서 미국이 한 구실에 대한 일반적 설명은 Jenny Pearce의 탁월한 책 *Under the Eagle* (London : Latin America Bureau, 1981) 참조.
23 Anderson, pp122~123과 Michel Lowy, *Marxism in Latin America*, pp113~124 참조.
24 Castañeda, p72.
25 Castañeda, p67.
26 *Back on the Road*, p67.
27 *Back on the Road*, p67.
28 *Back on the Road*, pp78~79.
29 *Back on the Road*, p79.
30 Anderson, p165에서 인용.
31 Claudia Lightfoot, *Havana* (London : Latin America Bureau, 2002), p40.

32 설탕 문제에 대해서는 René Dumont, *Cuba: Socialism and Development* (New York: Grove Press, 1970), Arthur McEwan, *Revolution and Economic Development in Cuba* (London, 1981) 참조. 또 James O'Connor, *Origins of Socialism in Cuba* (New York: Cornell University Press, 1970)도 참조.
33 켄 로치의 영화 <랜드 앤 프리덤>은 이 갈등을 탁월하게 묘사하고 있다. 당시의 설명으로는 Felix Morrow, *Revolution and Counter-Revolution in Spain* (New York: Pathfinder, 1974) 참조.
34 K S Karol, *Guerrillas in Power* (London: Jonathan Cape, 1971), pp81~98 참조.
35 마리오 바르가스 요사(Mario Vargas Llosa)는 최근 소설 *The Feast of the Goat* (London: Faber & Faber, 2001)에서 트루히요의 냉혹한 모습을 자세히 묘사하고 있다.
36 Fidel Castro, *History Will Absolve Me* (London: Jonathan Cape, 1968).
37 Anderson, p173.
38 Taibo, p93.
39 Castañeda, p85.
40 Lee Lockwood, *Castro's Cuba, Cuba's Fidel* (New York: Macmillan, 1967), pp143~144.
41 1956년 헝가리 노동자 봉기 진압과 1962년의 중소 분쟁이 결정적인 전환점이었다.
42 Anderson, p178.
43 그들은 1956년 9월 멕시코에서 협정을 맺은 바 있다. Taibo, p119 참조.
44 카스타녜다(Castañeda)와 휴 토머스(Hugh Thomas)가 *The Cuban Revolution* (London: Weidenfeld & Nicolson, 1986)에서 그렇게 주장했다.
45 E Bayo, *Mi Aporte a la Revolución Cubana* (Havana: Imp Ejercito Rebelde, 1960) 참조.
46 Taibo, pp107~110.
47 Taibo, p109.
48 Taibo, p115.
49 다른 많은 부분에서 그렇듯이, 여기서도 앤더슨은 카스트로를 옹호한다.

"그 돈의 출처가 어디였든 카스트로는 자신만의 일을 계속 해 나갔다"(Anderson, p204). 그의 견해에서 보자면, 아마 카스트로가 CIA 돈을 받기 시작했을 때도 그것은 마찬가지였을 것이다. 카스트로가 CIA 돈을 받은 사실은 타드 슐츠(Tad Szulc)가 쓴 전기 *Fidel : A Critical Portrait* (New York : Monthly Review Press, 1986)에 나와 있다. 내가 보기에 이것[앤더슨의 주장]은 매우 미심쩍은 주장이며, 꽤 그럴싸한 변명처럼 들린다. 그것은 최악의 경우 카스트로가 아무한테서나 돈을 받았음을 시사하고, 기껏해야 카스트로가 완전히 기회주의적인 정치인임을 보여 줄 뿐이다.

50 Che Guevara, *Reminiscences of the Cuban Revolutionary War* (New York : Monthly Review Press, 1998)에서 인용. 이 일기들은 1963년 아바나에서 출간됐다. 그러나 앤더슨(p213)에 따르면, 그것들은 게바라의 실제 야전 일기 가운데 "신중하게 검열을 거친" 것들이다. 그래서 나중에 혁명 이후 쿠바에서 지도적 인물들이 되는 일부 동지들에 대한 게바라의 신랄한 비평들은 빠져 있다.

51 Carlos Franqui, *The Twelve* (New York : Lyle Stuart, 1968). 원제는 *El Libro de los Doce*다.

52 Che Guevara, *Guerrilla Warfare* (New York : Monthly Review Press, 1961).

53 Anderson, p231.

54 Anderson, p233.

55 그러나 관타나모에는 소수의 적극적인 노동조합 활동가 그룹이 있었고, 그들 일부는 '7월 26일 운동'과 함께 활동하는 트로츠키주의자들이었다. Gary Tennant, 'The Hidden Pearl of the Caribbean : Trotskyism in Cuba', *Revolutionary History*, vol 7, no 3 (London : Porcupine Press, 2000), 특히 pp175~183.

56 Anderson, p245에서 인용.

57 [바티스타와의] 연계 때문에 스미스는 바티스타 정권 말기 몇 달 동안 약간 타협적인 태도를 취했고, 그래서 교체됐다. 그는 회고록 *The Fourth Floor* (New York : Random House, 1962)에서 자유주의자들이 미국의 대쿠바 정책을 좌우하게 된 것에 대한 자신의 감정을 노골적으로 드러낸다.

(그 회고록의 제목은 국무부의 쿠바 관련 부서가 있는 4층을 가리킨다.)
58 Che Guevara, *Episodes of the Cuban Guerrilla War* (New York: Pathfinder, 1996), p129.
59 오빠를 잃은 고통이 늘 아이데를 괴롭혔다. 아마 그것이 20년 뒤 그가 자살한 이유 가운데 하나였을 것이다.
60 Anderson, p235 참조.
61 Kalfon, p197. 프랑키는 게릴라 투쟁을 다룬 탁월한 역사책 *El Libro de los Doce*를 썼지만, 나중에 카스트로가 권력을 전횡하는 것에 환멸을 느껴 카스트로를 가장 격렬하게 비판하는 사람 가운데 한 명이 됐다. 그가 쓴 *Family Portrait With Fidel* (New York: Random House, 1985) 참조.
62 John Gerassi (ed), *Veneceremos: Speeches and Writings of Ernesto Che Guevara* (London: Weidenfeld and Nicolson, 1968), p75.
63 Anderson, pp280~281.
64 게바라의 의심과 비판은 나중에 1963년 아바나에서 출간된 편집본에는 나타나지 않는다.
65 매우 다른 시각에서 그 시기를 다룬 것으로는 Gary Tennant, 'The Hidden Pearl of the Caribbean: Trotskyism in Cuba' 참조.
66 그해에 대한 게바라의 간략한 설명은 *Episodes*, pp260~276 참조.
67 *Episodes*, p267.
68 위의 책, p53 참조.
69 *Episodes*, p273.
70 Anderson, p319에서 인용. *Episodes*, pp316~322의 '결정적 회의' 참조.
71 Kalfon, p212 참조.
72 얼 T 스미스가 *The Fourth Floor*에서 그렇게 불평했다. 스미스는 원래 바티스타를 책망하기 위해 파견됐다. 그러나 그는 외교적 의무감보다 반공주의가 더 강력했기 때문에 그 독재자를 지지하는 말을 곧잘 했다.
73 Anderson, p324.
74 Castañeda, p122.
75 Kalfon, p223.
76 Taibo, p275.
77 그 점을 분명히 보여 주는 것 가운데 하나는 지도부 중에서 쿠바 공산당과

가장 가까웠던 라울 카스트로가 그때와 그 이후에도 대부분 막후에서 활동한 사실이다.
78 물론 이것은 논란의 여지가 있다. 예컨대 피에레 칼폰(Pierre Kalfon)은 카스트로가 게바라에게 적응할 시간을 주는 등 "게바라의 편의를 봐 주고 있었다"고 말한다(p239).
79 Anderson, p376.
80 레이날도 아레나스(Reinaldo Arenas)는 혁명 초기 시절의 도취감과 자유분방함을 묘사했다. 당시 10대였던 그는 혁명이 축제의 성격을 시험하고 있을 바로 그때 자신의 성 정체성을 발견했다. 그의 자서전 *Before Night Falls* (1992년에 처음 출간)는 나중에 쿠바의 성적·정치적 억압을 가장 강력하게 고발하는 작품 가운데 하나가 된다.
81 아바나까지 개선 행렬을 지휘하도록 선정된 카밀로 시엔푸에고스는 10월에 원인 불명의 비행기 추락 사고로 사망했다. 인기가 많았지만, 그는 결코 혁명의 정치적 신화에서 핵심 인물은 아니었다. 그리고 그는 분명히 게바라나 카스트로와는 아주 다른 정치적 배경 출신이었다. 죽은 뒤에도 카밀로는 그의 군사적 역할 때문에 계속 인정을 받았지만, 이상하게도 혁명의 도상학(圖像學) [iconography : 상징성·우의성(寓意性)·속성 등 어떤 의미가 있는 도상을 비교하고 분류하는 미술사 연구 방법]에서는 빠져 있다.
82 나중에 그것은 새 사회에서 마녀사냥을 총괄하게 되는 '붉은 수염' 마누엘 피녜이로의 주요 활동 공간이 된다.
83 C Wright Mills, *Listen, Yankee* (New York : Ballantine, 1960).
84 Robert Scheer and Maurice Zeitlin, *Cuba : An American Tragedy* (New York, 1963).
85 Guerrilla Warfare, p15. 또 Michel Lowy, 'Revolutionary Warfare', in *The Marxism of Che Guevara* (New York/London : Monthly Review Press, 1973), pp75~112도 참조.
86 Karl Marx and Frederick Engels, *The German Ideology* (Moscow, 1964), p86.
87 그런 시각이 어디까지 이를 수 있는지 보여 주는 사례가 장 스톱스(Jean Stubbs)의 *Cuba : The Test of Time* (London : Latin America Bureau,

1989)에서 피델 카스트로가 혁명 과정에서 한 구실을 논하는 대목이다. 거기서 스툽스는 선출되지 않은 카스트로의 권력을 정당화하는 데는 카스트로의 인기만으로도 충분하다는 것을 입증하기 위해 온갖 종류의 주장을 늘어놓는다.

88 Castañeda, p147.
89 더 많은 사례는 레지 드브레의 1965년 논설 'Latin America : The Long March', in *New Left Review* 33 (July-September 1965), pp17~58 참조.
90 이 논의를 자세히 알고 싶으면 Rene Dumont, *Cuba : Socialism and Development* (New York : Grove Press, 1970) 참조. 그 문제들을 제기해 준 크리스 하먼에게 감사한다. 또, 이 책의 초고를 꼼꼼히 읽고 유용한 논평을 해 준 것에도 감사한다.
91 1959년 1월 게바라가 한 연설 '게릴라 군대의 사회적 과업'에서 인용한 것으로 Castañeda, p152에 수록돼 있다.
92 Hilda Barrio and Gareth Jenkins, *The Che Handbook* (London : MG, 2003)[국역 : ≪체 게바라 핸드북≫, 해냄], pp162~164에서 카스테야노스는 그 결혼식을 묘사하고 있다.
93 Taibo, p360.
94 칼폰(p270)은 게바라가 어머니에게 쓴 편지에서 "내 마음은 역사적 사명감으로 충만하다"고 말한 것을 인용하고 있다.
95 Anderson, p468.
96 이 시기를 자세히 연구한 문헌들은 많지만, 제임스 엘로이(James Ellroy)가 쓴 '누아르' 전통의 탁월한 범죄 추리소설 *The Cold Six Thousand* (London : Century, 2001)처럼 미국 정부, 마이애미 마피아, 케네디 일당의 편집증적 심리까지 철저히 파고든 작품은 흔치 않다.
97 1960년 6월 18일 게바라가 한 연설의 제목으로, Gerassi (ed), pp144~167에 다시 수록됐다.
98 이런 문제들에 대해 사회주의자들이 토론하고 논쟁한 결과, 엄청나게 많은 문헌들이 쏟아져 나왔다. 혁명적 사회주의 전통에서는 Tony Cliff, *State Capit- alism in Russia*와 Nigel Harris, *The Mandate of Heaven : Marx and Mao in Modern China* (London : Quartet, 1978)이 중요한 출발점이다.

99 카스타네다(p178)는 게바라가 노동수용소 창설 이유를 밝힌 일부 문서들에서 이 구절을 인용한다. 노동수용소라는 용어 자체가 끔찍한 유산을 간직하고 있다. 그것은 1930년대에 반체제 인사들과 우연한 피해자들이 똑같이 수천 명씩 죽어나갔던 스탈린의 노동수용소를 연상시킨다. 카스타네다가 각주에서 지적하듯이, 이들 문서는 전에도 공개 금지였고 지금도 여전히 공개 금지 대상이며, 게바라 전집에는 전혀 나오지 않는다. 한편, 앤더슨은 구아나카비베스를 뒷부분에서만 그것도 지나가듯이 가볍게 다루고 넘어간다(p567).

100 레이날도 아레나스의 자서전 *Before Night Falls*는 게이 작가의 관점에서 당시의 분위기와 그 뒤의 박해를 보여 준다. 줄리앙 슈나벨이 만든 동명(同名)의 영화는 <PM>의 일부 장면들을 발췌하고 있다. 또 Ian Lumsden, *Machos, Maricones and Gays* (Philadelphia : Temple University Press, 1996)도 참조.

101 그럼에도 1959년 이전 쿠바의 문맹률이 실제로 그 지역에서 가장 낮았던 사실은 중요하다. 물론 그렇다고 해서 문맹 퇴치 운동의 성과가 깎이는 것은 아니다.

102 Kalfon, pp305~306 참조. 당시 쿠바 공식 대표였던 아니발 에스칼란테는 그 직후 카스트로 반대파를 주도한 혐의로 감옥에 갇히게 된다.

103 Kalfon, p305.

104 K S Karol의 *Guerrillas in Power*는 쿠바와 공산권 관계의 배경을 자세히 설명하고 있다. 그러나 여행 도중 게바라의 짧은 만남이 그의 미래에 뜻밖의 영향을 미치게 된다. 동독에서 그의 통역사는 타마라 분케라는 젊은 여성이었다. 1년 뒤 분케는 아르만도 하트의 초청으로 아바나에 왔다. 그러나 하트는 경솔하게도 자신이 게바라를 대신해 그렇게 했노라고 말했다. 확실한 것은 분케가 6년 뒤 볼리비아에서 다시 게바라와 만나게 되는 것이다.

105 Kalfon, p307. Anderson, p495.

106 자세한 내용을 알고 싶으면, 비록 소설이긴 하지만 풍부한 내용을 담고 있는 James Ellroy, *The Cold six Thousand* 참조.

107 유엔 주재 미국 대사 애들레이 스티븐슨은 그 작전에 대해 통보를 받지 않았다. 그래서 그 비행기들이 쿠바 비행기라고 주장하며 분개했다. 그러

나 그 비행기들은 그날 아침 니카라과에서 발진한 것이었음이 나중에 드러났다.
108 더 최근의 간행물들과 저작들은 그 패배가 미국에 미친 영향을 보여 주었다. 칼폰(p316)은 그 직후 미국이 베트남과 다른 지역들에 대한 개입을 강화했다고 주장한다.
109 Anderson, p523.
110 Taibo, p413.
111 1986년에 소련이 쿠바를 포기한 뒤에야 카스트로는 쿠바가 동유럽에서 받은 공산품의 품질을 비웃으며 공공연히 이야기하게 된다.
112 쿠바 미사일 위기에 대한 자세한 설명은 Laurence Chang and Peter Kornbluh (eds), *The Cuban Missile Crisis* (New York : New Press, 1992)와 K S Karol, *Guerrilla in Power*, pp249~281 참조. 물론 올리버 스톤 감독의 영화 <D-13>(*Thirteen Days*)도 참조.
113 Castañeda, p229.
114 나는 그 전날 밤의 대부분을 친구 세 명과 함께 앉아서 <미국의 소리>(Voice of America) 방송을 들으며 지상 최후의 날을 어떻게 보낼까 이야기하고 있었다. 그런 이야기가 지금은 우습게 들릴지도 모르지만, 우리는 우리의 꿈을 좌우한 핵 위협의 그림자 속에서 자라난 세대였다.
115 Castañeda, p228.
116 Anderson, p587.
117 Kalfon, pp362~375 참조.
118 Gerassi (ed), pp220~226.
119 Taibo, p468.
120 Gerassi 편 'Guerrilla Warfare : A Method', p269에서 인용.
121 Gerassi (ed), p275.
122 1962년 중-소 분쟁 이후 일부 공산당들이 세계 공산주의의 수도로 모스크바 대신 베이징을 선택하기 전까지는 그랬다.
123 Anderson, p616.
124 카스타녜다(p249)는 그해 파리에서 게바라와 카를로스 프랑키의 만남을 묘사한다. 게릴라 투쟁의 역사를 다룬 주요 저작을 쓴 프랑키는 카스트로나 게바라와 멀어진 뒤 파리에서 지냈다. 그러나 프랑키는 벤 벨라의 친구

였고, 그 덕분에 그 두 사람은 다시 만날 수 있었다. 프랑키의 회상에 따르면, "게바라는 또 다른 길을 찾고 있었다. 그는 쿠바의 상황이 매우 어렵다고 생각하고 있었다." 게바라의 다른 친구들과 동료들도 그런 회상을 뒷받침하는 말을 했다.

125 그럼에도, 나중에 분명해지듯이, 그런 형식적인 동의가 나중에 게바라가 볼리비아에서 게릴라 군대를 건설하기로 결정할 때 핵심 구실을 했다.

126 이것은 아주 복잡한 논쟁을 단순하게 도식화한 것이다. 더 자세한 분석은 Castañeda, pp255~263과 Bette Ann Evans, *The Moral Versus Material Incentives Controversy in Cuba* (Pittsburgh : University of Pittsburgh, 1973) 참조.

127 비록 그 부서 책임자가 게바라의 최측근 협력자 중 한 명이었지만 말이다.

128 Taibo, pp492~493. 그러나 노동조합이 국가의 일부로 기능해야 한다는 데 게바라가 동의한 사실을 지적해야 한다.

129 그런 사실들은 1994년에야 밝혀졌으며 카스타녜다(p274)가 논의하고 있다.

130 Taibo, p512.

131 Anderson, p621 참조.

132 Che Guevara, *Man and Socialism in Cuba* (New York : Pathfinder Press, 1978), p12.

133 *Man and Socialism*, p20.

134 게바라의 아프리카 일기는 Che Guevara, *The African Dream* (London : Harvill Panther, 2000)로 출간됐다.

135 Anderson, p641. 아프리카에서 유래한 마법-종교 사상인 산테리아(*santería*)가 쿠바에 미친 지속적인 영향을 생각하면, 게바라가 그토록 두드러진 반응을 보인 것은 놀라운 일이다.

136 Richard Gott, in his introduction to *The African Dream*, pxxiii.

137 Gott, pxxiii.

138 Barrio and Jenkins, pp314~316.

139 Anderson, pp680~682 참조.

140 Kalfon, p474.

141 볼리비아의 현대 역사에 대한 가장 유용한 설명은 James Dunkerley,

Rebellion in the Veins : Political Struggle in Bolivia 1952~82 (London : Verso, 1984) 참조.

142 "지금은 시련의 시간"('La hora de los hornos')이라는 구절은 1966년 옹가니아의 군사 쿠데타로 시작된 아르헨티나의 군사 독재에 맞서 페론주의 저항 운동 세력이 만든 탁월한 영화의 제목으로 다시 등장했다.[국내에는 <불타는 시간의 연대기>라는 제목으로 소개됐다.] 군부 통치는 1973년까지 계속됐다가 다시 1976년부터 1983년까지 혹독한 탄압과 함께 재개됐다. 당시 "기독교 문명과 사회 평화"를 구한다는 명분으로 3만 명의 남녀와 아이들이 '실종됐다.'

143 Castañeda, pp344~345. 둘 다 공산당원이었던 페레도 형제는 볼리비아 과업 전체에서 핵심 인물들이었다. 그러나 십중팔구 카스트로의 판단이 옳았을 것이다.

144 9월 24일 폼보의 메시지와 9월 28일의 진입에 대해서는 Pombo Villegas, *A Man of Che's Guerrilla 1966~68* (New York : Pathfinder Press, 1997), pp109~111 참조.

145 Régis Debray, *Revolution in the Revolution* (Harmondsworth : Penguin, 1969).

146 James Dunkerley, p140.

147 *El Diario del Che Bolivia* (Havana, 1968), pp46~47. 그 일기는 그 뒤 여러 차례 출간됐지만 결정판은 이것이다. 물론 날짜들이 각 판본마다 다른 것은 아니다.

148 *Diario del Che*, p171.

149 Villegas, pp204~206에 재수록.

150 Villegas, p205.

151 Richard L Harris, *Death of a Revolutionary : Che Guevara's Last Mission* (New York/London : Norton, 2000), p252.

152 에식스대학교의 중앙 광장에 모여 게바라의 죽음을 애도한 사람들이 우리만은 아니었다고 나는 확신한다. 미국의 베트남 전쟁 반대 시위를 준비하며 벽에 게바라 초상화를 그린 학생 혁명가들이 우리뿐이었던 것도 아니다.

153 Francois Maspero, 'Introduction', Janette Habel, *Ruptures à Cuba* (Paris : La Breche, 1989), p23.

154 나는 다른 곳에서 쿠바 혁명에 대한 더 일반적인 분석을 발전시켰다. 'Can Castro Survive?', in *International Socialism* 56 (Autumn, 1992), p83 참조. Habel도 참조.
155 Susan Eckstein, *Back From the Future* (New Jersey : Princeton, 1994), p62.

연표

1928

6월 14일 아르헨티나 로사리오에서 에르네스토 게바라 린치와 셀리아 데 라 세르나 부부의 장남으로 출생.

1929

게바라 가족, 미시오네스 주로 이주.

1930

아르헨티나, 군사 쿠데타 일어남.

1932

6월 게바라 가족, 알타 가르시아로 이주, 1943년까지 거주.

1933

8월 쿠바, 마차도 정권 몰락. 그라우 산 마르틴이 대통령이 됨.
9월 쿠바, '중사들의 반란'으로 마르틴 정부가 무너짐.

1936

스페인 내전 발발(~1939).

1939

9월 제2차세계대전 발발.

1940

아르헨티나, 카스티요 군사 정부 집권.
쿠바, 바티스타가 대통령이 됨.

1943

게바라 가족, 코르도바로 이주.

1944

10월 과테말라, 아레발로 대통령으로 당선, 개혁 강령 발표.
쿠바, 그라우 산 마르틴 재집권.

1946

후안 페론, 아르헨티나 대통령 당선.

1948

게바라 가족, 부에노스아이레스로 이주.

쿠바, 프리오 소카라스가 대통령이 됨.

1950

1월 1일 게바라, 모터사이클로 아르헨티나 북부 지방을 여행. 차나르 나환자촌에서 잠시 활동.

1951

3월 과테말라, 아르벤스 대통령 취임.

10월 게바라, 알베르토 그라나도와 함께 라틴아메리카를 여행.

1952

과테말라, 아르벤스 정부가 토지 국유화를 위한 토지 개혁 포고령에 서명함.

3월 쿠바, 바티스타가 쿠데타로 정권을 잡음.

4월 볼리비아, 광부노조가 주도한 혁명으로 에스켄소 정부가 들어섬.

1953

4월 게바라, 의사 자격증 취득.

7월 게바라, 볼리비아로 여행.

7월 26일 피델 카스트로, 몬카다 병영 공격, 실패로 끝남.

게바라 페루·에콰도르·코스타리카 등 여행.

12월 20일 게바라, 과테말라에 도착.

12월 23일 게바라, 페루에서 망명온 일다 가데아 만남.

12월 26일 게바라, 일다 가데아에게 쿠바 망명객들을 소개받음. 병원에서 임시직으로 근무.

1954

6월 과테말라, 미국이 지원한 쿠데타로 아르벤스 사퇴. 아르마스 정권 들어섬. 게바라, 멕시코 여행.

1955

7월 게바라, 멕시코에서 피델 카스트로 만남.

8월 게바라, 출산을 앞둔 일다 가데아와 결혼.

9월 아르헨티나, 페론 정권 몰락.

1956

2월 26일 게바라의 첫 아이 일다 베아트리스 출생.

4월 게바라('체'), 쿠바인들과 함께 군사 훈련을 받음.

6월 게바라, 피델을 비롯한 다른 쿠바인들과 함께 멕시코 당국에 체포돼 미겔 슐츠 감옥에 수감됨.

7월 게바라, 감옥에서 석방돼 훈련 재개.

11월 25일 게바라, 82명의 대원과 함께 그란마 호를 타고 쿠바로 출발.

11일 30일 프랑크 파이스, 산티아고에서 봉기 조직.

12월 2월 그란마 호, 벨릭 곶에 상륙.

12월 25월 알레그리아 델 피오 전투에서 21명의 대원이 사살됨.

1957

1월 반란군, 악명 높은 지방 유력자 치초 오소리오를 공격해 살해함.

2월 '7월 26일' 운동 전국 지도부 회의가 카스트로의 야영지에서 열림.

3월 11일 도시 운동 지도자 프랑크 파이스와 아르만도 아르트가 체포됨.

3월 13일 쿠바, 디렉토리오 레볼루시오나리오의 조직원들이 바티스타 암살 시도, 실패함. 지도자 호세 안토니오 에차바리아를 포함해 조직원들이 모두 살해당함.

5월 28일 엘 우베로에서 또 한 차례의 승리

7월 21일 게바라, 소령으로 승진, 혁명군 제4중대 창설 임무 부여.

7월 30일 '7월 26일 운동'의 도시 지도자인 프랑크 파이스 죽음.

8월 30일 게바라, 부하들을 이끌고 엘 옴브리토 전투를 승리로 이끔.

9월 5일 시엔푸엔고스에서 해군 쿠데타가 일어났지만 실패함.

11월 반란군 신문 <엘 쿠바노 리브레> 창간호 발간.

1958

2월 24일 반란군 방송 <라디오 레벨데> 첫 방송.

8월 30일 게바라, 쿠바 중부 라스 비야스로 새 전선 구축을 위해 이동. 42일 동안 3백 킬로미터 행군.

10월 엘 에스캄브라이에서 다양한 반바티스타 그룹을 통합.

12월 알레이다 마치를 만남. 피델이 산티아고로 진격하는 동안, 체는 산타 클라라를 공격함.

12월 31일 게바라, 산타 클라라 점령.

1959

1월 1일 바티스타, 망명길에 오름.

1월 3일 카밀로, 아바나 입성.

1월 4일 게바라, 아바나 도착.

1월 9일 피델, 아바나 입성. 게바라의 부모, 쿠바 도착.

1월 12일 게바라, 천식 악화로 타라라 해변으로 요양을 감.

1월 21일 일다 가데아와 딸 일디타 쿠바 도착, 이혼에 합의.

2월 7일 게바라, 쿠바 시민권 취득.

5월 7일 토지개혁법 통과.

6월 2일 알레이다 마치와 결혼.

6월 중동 국가 순방.

7월 7일 인도를 방문해 자와라할 네루를 만남.

7월 17일 대통령 우루티아, 정부의 좌경화에 항의해 사임.

7월 26일 카스트로, 사임했던 총리직을 다시 수락.

10월 소련의 공식 대표단, 쿠바 방문.

10월 28일 카밀로 시엔푸에고스, 비행기 사고로 사망.

11월 26일 게바라, 국립은행 총재로 임명됨

1960

1월 라티푼디아 국유화 선언.

2월 소련 부총리 미코얀, 쿠바 방문.

4월 카밀로 시엔푸에고스에게 바치는 ≪게릴라전≫ 출간.

5월 쿠바, 소련과 무기 협정 체결.

6월 카스트로, 유엔에서 연설.

8월 미국계 석유회사 국유화.

9월 혁명수호위원회 창설

10월 19일 미국, 대 쿠바 통상 제재 결정.

10월 22일 게바라, 경제 사절단을 이끌고 소련·체코슬로바키아·중국·북한·동독 방문길에 나섬. 베를린에서 타마라 분케 만남.

11월 24일 중국 체류 중 마치와 첫째 딸 알레이디타 출생.

1961

1월 3일 미국, 쿠바와 외교 관계 단절.

2월 게바라, 산업부 장관으로 임명.

4월 17일 미국의 피그 만 침공, 실패함.

8월 게바라, 우루과이 푼타 델 에스테에서 열린 미주기구(OAS) 회의 참석. 미국 대표 리처드 굿윈과 만남.

1962

1월 쿠바, 미주기구에서 축출됨.

3월 쿠바에서 식량 배급이 시작됨.

5월 20일 첫째 아들 카밀로 출생.

6월 카스트로, 러시아와 쿠바에 핵미사일을 설치하기로 합의.

8월 게바라, 경제 협정 체결을 위한 각국 순방.

8월 31일 게바라, 크리미아에서 흐루시초프와 미사일 협정에 서명.

10월 쿠바 미사일 위기.

1963

4월 셀리아 데 라 세르나, 쿠바 찬양 선동 혐의로 체포됨.

6월 14일 게바라의 넷째 아이인 셀리아 출생.

7월 게바라, 알제리 방문.

1964

1월 쿠바-소련 설탕 협정 조인.

3월 게바라, 스위스·프랑스·체코슬로바키아·알제리 방문.

4월 호르헤 마세티의 아르헨티나 게릴라, 경찰에 발각됨.

11월 게바라, 외교 사절 자격으로 모스크바 방문.

12월 11일 게바라, 국제연합 총회에 참석해 격렬한 반식민주의 연설함.

12월 18일 게바라, 탄자니아·콩고·이집트·말리·기니·가나·다호메이 등을 경유해 알제리 도착.

1965

2월 2일 게바라, 중국·프랑스·알제리·탄자니아·이집트 순방.

2월 24일 카이로와 알제리 사이를 비행하는 동안 둘째 아들 에르네스토 출생.

2월 25일 게바라, 제3세계 연대회의에서 소련을 맹렬히 비판하는 연설을 함. 이집트에 들렀다 콩고로 감.

3월 게바라, 쿠바 귀국. 쿠바를 떠나 콩고로 들어가기로 결심.

4월 1일 게바라, 라몬 베니테스라는 가명으로 쿠바를 떠남.

4월 24일 게바라, 3명의 쿠바인과 함께 콩고 도착.

6월 2개월 만에 콩고 게릴라, 처음으로 작전에 돌입함.

10월 카스트로, 쿠바 공산당 창립 대회에서 체의 작별 편지를 공개함. 콩고 반란이 카사부부의 승리로 끝남.

11월 20일 게바라와 쿠바의 콩고 파견대, 탄자니아로 철수.

1966

1월 아바나에서 3대륙 회의 개막.

3월 게바라, 신분을 감추고 프라하에 도착.

7월 게바라, 볼리비아 작전을 위해 비밀리에 쿠바로 돌아옴.

10월 게바라, 미주기구 참관인 신분으로 위장해 볼리비아에 잠입.

11월 7일 게바라, 냥카우아수 도착. 볼리비아 일기를 쓰기 시작함.

12월 31일 마리오 몬헤가 캠프를 방문. 볼리비아 공산당은 게릴라 지원을 거절함.

1967

1월 게바라, 훈련을 위해 원정을 감.

3월 17일 정부군이 게릴라의 활동 첩보를 입수하고 기지를 습격.

3월 19일 게바라, 기지로 돌아옴. 레지 드브레와 시로 부스토스를 만남.

3월 23일 정부군과 교전을 벌여 유일한 승리를 거둠.

4월 게바라의 메시지가 3대륙 회의에서 낭독됨.

4월 3일 게바라, 병력을 나누고 호아킨에게 2중대 지휘를 맡김.

4월 20일 드브레 등 3인이 정부군에게 구금.

8월 14일 정부군, 냥카우아수 기지 기습.

8월 31일 호아킨의 중대, 바도 델 예소에서 적군의 함정에 빠짐.

10월 8일 게바라, 부상을 입은 채 생포당함.

10월 9일 게바라, 볼리비아 정부의 지시와 CIA의 묵인 아래 사살됨.

10월 18일 아바나에서 1백만 군중이 모인 게라바 추모행사가 열림.

1997

7월 12일 바예그란데에서 게바라의 유해가 확인돼 쿠바로 공수됨.

찾아보기

ㄱ

가데아, 일다(Gadea, Hilda) 50, 52 56, 68, 69, 126
개량주의 95
게릴라: — 군대 85~87, 89~92, 99, 101, 132, 135, 136, 151, 159, 163, 174, 195, 197, — 이론 133, 174, — 조직 82, 177, 194, 195, — 투쟁 81, 86, 119, 131, 133, 169, 180, 187, 195, — 훈련소 73, 76, 107, 112
《게릴라전》 41, 93, 99, 104, 130, 150, 173, 184, 197
게릴라전 70, 75, 81, 82, 86, 95, 96, 99, 104, 110, 130, 132, 138, 155, 159, 173, 176, 197, 200, 201, 206
"게릴라전: 방식" 185
게바라, 모이세스(Guevara, Moisés) 202
게바라, 셀리아(Guevara, Celia) 171
게바라, 아나 마리아(Guevara, Ana María) 30
게바라, 일다 베아트리스(Guevara, Hilda Beatriz) 69, 76, 일디타(Hildita) 126
경제 봉쇄, 미국의 161, 210

공동국가경제위원회(JUCEPLAN) 146
공산주의(자) 47, 53, 56, 61, 63, 65, 70, 72, 73, 99, 106, 109, 110, 114, 129, 139, 140, 144, 150, 156, 158, 163, 180, 182, 188
공업화 151, 161, 163, 169, 179
과테말라 42~53, 55, 56, 68, 70, 105, 128, 187, 196
과테말라 공산당(PGT) 48, 51
"관료주의에 반대하며" 172
국가 통제 142, 153
국유화 39, 46, 60, 139, 146, 147, 196
군사 정권 24, 52
군사 쿠데타: 과테말라 47~50, 53, 볼리비아 196, 아르헨티나 21, 25, 쿠바 64, 97
군사 협약, 소련과 166
굿윈, 리처드(Goodwin, Richard) 160
권위주의 25, 31, 55, 63, 91, 172, 191, 211
그라나도, 알베르토(Granado, Alberto) 25, 29, 31, 34~39
그란마 호(號) 73, 78, 79, 81~83, 86, 87
기회주의 27, 44, 94

ㄴ

나세르(Nasser, Gamal Abdel) 190
나치즘 61
낙관주의 68, 158, 163
냉전 47, 62, 105, 128, 129, 159
냥카우아수 197, 200, 202
노동 계급 20, 21, 27, 31, 32, 53, 62, 65, 67, 86, 96, 99, 105, 132, 139, 150, 153, 173, 174, 186, 196, 201, 205, 206
노동자: ― 권력 17, 68, 96, ― 민주주의 156, ― 운동 40, 86, 99, ― 조직 46, 62, 88, 197, ― 혁명 61, 132
노동조합 27, 28, 46, 62, 82, 95, 103, 131, 134, 148, 149, 153, 181, 201
농민 (계급) 35, 46, 73, 79, 90, 95, 104, 105, 112, 124, 137, 173, 174, 197, 201, 203, 204
농업노동자 13, 46, 86, 95, 139
농업 집산화 151
《누에스트라 인두스티리아》 173
니에레레, 줄리어스(Nyerere, Julius) 187, 190
닉슨, 리처드(Nixon, Richard) 129, 140, 147, 148, 153

ㄷ

다니엘(레네 라모스 라토우르)(Daniel (René Lamos Latour)) 95, 96, 98, 101
당통(Danton, Georges Jacques) 110
대공황 59, 61
대약진 운동 158
대장정 111
덜레스, 앨런(Dullers, Allen) 47
덜레스, 존 포스터(Dullers, John Foster) 47
데스카미사도스(descamisados) 27
도미니카공화국 63, 118, 135
독재 정권 45, 64, 97, 105, 110, 128, 135
동성애(자) 73, 154
동유럽 16, 71, 99, 157, 158, 162, 168, 170, 181, 182, 194, 210
드브레, 레지(Debray, Régis) 200, 204, 206
디렉토리오 레볼루시오나리(Directorio Revolucionario) 59, 63, 66, 75, 86, 91, 92, 116, 117, 120, 123, 133

ㄹ

라미레스, 리카르도(Ramírez, Ricardo) 53
라스 비야스 111, 116, 118, 135
'라스 비야스 사회주의 청년' 114
라이디스모(raidismo) 34
라티푼디아 139
레닌(Lenin) 67
<레볼루시온> 91, 154
레친, 후안(Lechín, Juan) 44
로드리게스, 오비디오 디아스(Rodríguez, Ovidio Díaz) 114

로드리게스, 카를로스 라파엘(Rodríguez, Carlos Rafael) 62, 116, 136
로메로, 로베르토(Romero, Roberto) 135
로스 바르부도스 119
로즈벨트, 프랭클린(Roosevelt, Franklin) 46, 58, 61
로카-런시먼(Roca-Runciman) 협정 21
로페스, 니코(López, Ñico) 56, 68
록펠러, 넬슨(Rockefeller, Nelson) 128
<루네스> 154
<루네스 데 레볼루시온> 154
루뭄바, 파트리스(Lumumba, Patrice) 177

■

<마르차> 184
마르크스, 칼(Marx, Karl) 67, 69, 99, 132, 150, 185
마르크스주의(자) 31, 50, 66, 67, 71, 76, 98, 99, 100, 104, 132, 157, 172
마르티, 호세(Martí, José) 58, 65, 198
마리네요, 후안(Marinello, Juan) 62
마세티, 호르헤(Masetti, Jorge) 169, 177, 193
마스페로, 프랑수아(Maspéro, François) 204
마에스트라 산맥(시에라 마에스트라) 86, 91, 95, 103, 111, 115, 135, 175
마오주의(자) 198, 200, 202

마이애미 협약 94, 96, 97
마차도(Machado) 59
마추픽추 37
마치, 알레이다(March, Aleida) 116, 126, 140, 141, 162, 171, 184, 192
마토스, 우베르(Matos, Huber) 143
매슈스, 허버트(Matthews, Herbert) 87~91
매카시, 유진(McCarthy, Eugene) 182
맬컴 엑스(Malcolm X) 15
멕시코 16, 45, 54, 55, 66, 69, 70, 73~76, 78, 96, 105, 181
명령 경제 151
<모터싸이클 다이어리> 35
몬카다 57, 64, 77, 89, 152
몬헤, 마리오(Monje, Mario) 197~200, 202
무솔리니, 베니토(Mussolini, Benito) 24, 25
무장한 선전 93
문맹률 156
미국 공산당 61
미국 국무부 105, 129
미국 중앙정보국(CIA) 47, 97, 98, 129, 147, 158
미국-스페인 전쟁 58
미주기구(OAS) 회의 159
미코얀(Mikoyan) 145
민족 독립 105, 134
민족주의(자) 25, 26, 28, 39, 40, 63, 65, 73, 90, 91, 110, 134, 135, 140, 188, 196, 198

'민족해방평의회' 188, 189
민족혁명운동(MNR) 196
민주연합(Democratic Union) 28
민중전선 60, 61
밀스, C 라이트(Mills, C Wright) 128

ㅂ

바리엔토스, 레네(Barrientos, René) 196, 197
바요, 알베르토(Bayo, Alberto) 76
바티스타, 풀헨시오(Batista, Fulgencia) 57~66, 70, 75, 77~79, 84, 86~89, 91, 94, 97, 98, 101, 103, 105, 106, 108, 109, 113~119, 121, 123, 124, 128, 131, 133, 150
반공주의(자) 75, 88, 90, 91, 96, 98, 140, 143
반자본주의 운동 15, 17, 212
반제국주의(자) 48, 50, 63, 72, 88, 122, 128, 152, 168, 169, 183, 199
반제국주의 투쟁 181, 184, 194
반파시스트 24, 29
반파시즘 26, 61
반혁명 141, 154, 159, 160, 164
발데스, 라미로(Valdés, Ramiro) 127, 194
베네수엘라 게릴라 193
베네수엘라 공산당 178
≪베르데 올리보≫ 184
베른, 쥘(Verne, Jules) 22
베를루스코니(Berlusconi) 17
베트남 전쟁 186, 199
벤 벨라(Ben Bella, Ahmed) 177, 181, 189
볼리비아 게릴라 193, 194, 198
볼리비아 공산당 197, 198, 200, 202
볼리비아 광부노조 39, 44, 196
볼리비아 노총(COB) 39, 196
부스토스, 시로(Bustos, Ciro) 204
부시, 조지 W(Bush, George W) 15
브로더, 얼(Browder, Earl) 61, 62
브로더리즘 62
비예가스, 해리 '폼보'(Villegas, Harry 'Pombo') 200, 206

ㅅ

사모라, 오스카(Zamora, Oscar) 198, 200
사파티스타 17, 212
사회주의 혁명 150, 159, 170
≪산과 평야≫ 133
산 마르틴, 그라우(San Martín, Grau) 60, 62
산체스, 셀리아(Sánchez, Celia) 79, 82, 89
산타마리아, 아이데(Santamaría, Haydée) 89
산티아고 봉기 79, 82, 88, 98
살바도르, 다비드(Salvador, David) 148, 149
"새로운 인간"(엘 옴브레 누에보)(el hombre nuevo) 155, 171, 173

설탕 플랜테이션 59
셀리아(Celia), 어머니 29, 39, 51
≪소련 사람≫ 41
소말리족 반군 191
소모사(Somoza) 58
소비에트 47, 59, 147, 162
소투스(Sotús) 92
수케트, 수아레스(Suquet, Suárez) 113
스미스, 얼 T(Smith, Earl T) 89, 97
스탈린(Stalin) 61, 151, 157
스탈린주의 71
스트로에스네르, 알프레도(Stroessner, Alfredo) 135
스페인 공산당 61
스페인 내전 55, 76
시엔푸에고스 항 97, 98
시엔푸에고스, 카밀로(Cienfuegos, Camilo) 106, 111, 116, 119, 120, 122, 123, 144
식량 배급 161
식민지 21, 45, 58, 59
신식민지 59, 123
실용주의(자) 93, 94, 167, 178, 195

ㅇ

아나키즘 20
아레발로, 라파엘(Arévalo, Rafael) 46
아르마스, 카를로스 카스티요(Armas, Carlos Castillo) 47, 52
아르벤스, 하코보(Arbenz, Jacobo) 46~49, 51, 53
아르트, 아르만도(Hart, Armando) 89, 91, 94
아르헨티나 게릴라 169, 177, 186, 193
아르헨티나 공산당(원) 28~31, 48
아르헨티나 급진당 20, 30
아르헨티나 자유당 23
아메리카대륙간회의 49
아이젠하워, 드와이트 D(Eisenhower, Dwight D) 129, 140, 147
아프리카 69, 177, 181, 183, 187, 189, 191, 210
알리, 타리크(Ali, Tariq) 204
알제리 177, 181, 183, 189
앤더슨(Anderson) 44, 85, 92, 122, 176, 188
야야구아 광산촌 205
에스칼란테(Escalante) 164, 168
에스캄브라이 90, 110, 111, 113~116, 120, 127, 129, 135, 137, 139, 148
에스텐소로, 빅토르 파스(Estenssoro, Víctor Paz) 196
에스핀, 빌마(Espín, Vilma) 89
에차바리아, 호세 안토니오(Echavarria, José Antonio) 66
에티오피아 191
영웅주의 44, 131
≪오이≫ 172
올투스키, 엔리케(Oltuski, Enrique) 114
우루티아, 마누엘(Urrutia, Manuel) 123, 127, 143
우비코, 호르헤(Ubico, Jorge) 45

원주민 33, 34, 37, 41, 44, 45, 196
유엔 무역 개발 회의 181
이데올로기 25, 43, 47, 68, 130, 132, 168, 209
이리고옌, 이폴리토(Yrigoyen, Hipólito) 19, 20
이상주의 93, 94, 96, 172
이타주의 171, 211
인종 차별 41, 44
인판테, 티타(Infante, Tita) 41
잉카 유적 41
잉카 제국 37, 41, 44

ㅈ

자발적 노동 155, 171, 172, 209
전국 지도부 회의 90, 103
제2차 해방 전쟁 58
제2차세계대전 24, 26, 28, 46
제3세계 연대회의 183
제국주의(자) 17, 25, 29, 44, 56, 63, 127, 134, 151, 152, 159, 168, 179, 181~183, 186, 190, 191, 199
제무레이, 샘(Zemurray, Sam) 45
중간 계급 20~23, 30, 63, 67, 90, 134
중국 156, 158, 163, 168, 183, 187, 188, 195, 198
중-소 분쟁 168, 198
중앙집중적 계획 경제 144, 146
'지식인 대회' 208
'진보동맹' 137
진지전 86, 110

ㅊ

처칠, 윈스턴(Churchill, Winston) 47
철의 장막 47
초몬, 파우레(Chomón, Faure) 120, 123
촘베, 모이제(Tshombe, Moise) 188, 189
총파업 : 광부(볼리비아) 205, 1958년 (쿠바) 103, 131
추축국 24
치바스, 라울(Chibas, Raúl) 93, 94
치바스, 에두아르도(Chibas, Eduardo) 64, 93

ㅋ

카라카스 협약 109
카메구에이 봉기 101
카빌라, 로랑(Kabila, Laurent) 189
카사부부(Kasavubu, Joseph) 189
카스테야노스, 알베르토(Castellanos, Alberto) 140
카스트로, 라울(Castro, Raúl) 66~69, 74, 85, 89, 90, 92, 96, 97, 99, 107, 108, 109, 111, 115, 124, 136, 140, 143, 144, 145, 168
카탕가 188, 190
케네디, 존 F(Kennedy, John F) 148, 153, 158~160, 165~167, 179
콜럼버스, 크리스토퍼(Columbus, Christopher) 37
콩고 177, 180~184, 186~194

쿠바 공산당(PSP) 60~62, 65, 75, 98, 102, 103, 108~110, 114, 148, 152, 164, 168, 169, 173
쿠바 노총(CTC) 148, 153
쿠바-소련 설탕 협정 179
쿠바 여성연맹(FMC) 153
"쿠바의 인간과 사회주의" 184
쿠바 인민당(오르토독소스) 64, 93
≪쿠바 혁명 전쟁 회고록≫ 80, 130
킹, 마틴 루터(King, Martin Luther) 15

ㅌ

타마라 분케(Tamara Bunke), 타니아(Tania) 202
타이보(Taibo) 34, 76
토지 개혁 46, 73, 95, 115, 136~139, 162, 197
토지개혁법 139
토지개혁청(INRA) 142~144, 162
통일장교단(GOU) 25
통합혁명조직(ORI) 164
트로츠키주의(자) 173, 204
트루히요, 라파엘(Trujillo, Rafael) 63, 118, 135

ㅍ

파농, 프란츠(Fanon, Frantz) 183
파소스, 펠리페(Pazos, Felipe) 94
파시스트 봉기, 스페인 61
파시즘 23
파이스, 프랑크(País, Frank) 74, 78, 89~91, 94, 95, 97, 98, 101, 133
파티뇨, 시몬(Patiño, Simon) 40
페드레로 협약 116
페레도, 인티(Peredo, Inti) 199
페레도, 코코(Peredo, Coco) 199
페레르, 카를로스 칼리카(Ferrer, Carlos Calica) 39, 41
페레스, 파우스티노(Pérez, Faustino) 78, 90
페레이라, 치치나(Ferreyra, Chichina) 35
페론, 에비타(Perón, Evita) 27
페론, 후안 도밍고(Perón, Juan Domingo) 24, 26~31, 44, 70
페론주의 27, 30, 31
페루 35, 37, 41, 44, 50, 105, 126, 195
페루 게릴라 169, 187, 193, 195, 196
페세, 우고(Pesce, Hugo) 41
<페이스 더 네이션> 182
펠트리넬리(Feltrinelli) 204
평화 공존 168, 175, 198
포코(foco) 82, 99, 104, 193, 197, 200, 201, 203
푸에블라, 카를로스(Puebla, Carlos) 14
프랑키, 카를로스(Franqui, Carlos) 81, 91, 94, 133
프리오 소카라스, 카를로스(Prío Socarrás, Carlos) 62, 78
플랫 수정안 58, 60

피그 만 사태 159, 160, 163
피녜이로, 마누엘(Piñeiro, Manuel) 193, 194

G-2 127
PCML 198
≪PM≫ 154

ㅎ

학생 운동: 아르헨티나 22, 쿠바 89
행동 아르헨티나(Acción Argentina) 29
≪혁명 속의 혁명≫ 200, 206
혁명 전쟁 99, 102, 131, 132
혁명수호위원회(CDRs) 153
혁명정당 138
협동농장 138, 139
호아킨(Joaquín) 205
호어, 마이크(Hoare, Mike) 188, 189
흐루시초프, 니키타(Khrushchyov, Nikita) 150, 151, 157, 165~168
히틀러, 아돌프(Hitler, Adolf) 24

기타

≪12인≫ 81
1968년 208, 209
3년 전쟁(쿠바) 58
3대륙 회의 195, 197, 198
4월 파업, 쿠바 106, 117
7월 26일 운동(M-26-J) 64, 66, 73, 74, 76, 79, 82, 85, 87~89, 91, 94, 96~98, 101, 103, 108, 109, 114, 115, 117, 120, 121, 123, 131, 133, 136, 148, 153, 164

진보적 사회운동가들과 역사학자들이 주목한 책
민중의 세계사

크리스 하먼 지음/ 천경록 옮김/896쪽/24,000원

이 책은 학계의 연구 성과를 반영하면서도 일반인들이 손쉽게 접근할 수 있는 세계사로서, 유럽중심주의에서 벗어나 새로운 관점에서 인류 역사를 설명하고 있습니다. 잿빛 무질서의 시대에 민중에게서 희망을 발견하고 있는 이 책을 통해, 이제 여러분도 역사의 대서사시를 만나 보십시오.

내 책 ≪미국 민중사≫ 같은 책이 세계사 분야에서도 있는지 많은 사람들이 내게 물어왔다. 매우 어려운 이 작업을 완성한 오직 한 권의 책을 알고 있다고 나는 언제나 대답해왔다. 그 책은 바로 ≪민중의 세계사≫이다.

—하워드 진, ≪미국 민중사≫ 저자

이 책은 세계 민중의 대서사시다! 역사는 본디 민중의 것이었다. 그러나 어쩌랴! 지금 현실은 그렇지 않은 것을. 이런 민중의 자기 배반, 자기 부정은 왕조사적 역사 읽기에서 비롯했다. 이 책은 그런 책들과는 다르다. 젊은이들에게 이 책을 꼭 권하고 싶다.

—홍세화, ≪나는 빠리의 택시운전사≫의 저자

이 책에서 우리는 지배자들에게 착취·학살당하고, 그 질서 아래에서 신음하고, 그 질서에 도전하고, 반란과 혁명을 통해서 인간으로서 존엄성을 지키려 했던 수많은 '역사의 아웃사이더'들의 발자취를 볼 수 있을 것이다.

—박노자, 오슬로대학 교수, ≪당신들의 대한민국≫ 저자

이 책은 지배 세력 중심의 세계사 서술이 지닌 따분함을 정면으로 거부한다. 이 책은 세상이 어떻게 바뀌었는지를 보여 줌으로써 앞으로 세상을 바꿀 열쇠를 독자에게 건넨다. 단 한 번뿐인 삶을 진솔하게 살려는 모든 젊은 벗에게 일독을 권한다.

—손석춘, <한겨레> 논설위원

크리스 하먼은 인류의 태초부터 오늘에 이르는 그야말로 아마존 밀림처럼 복잡하고 태평양처럼 심원한 사건들의 혼돈에 쉽게 발견하기 어려운 질서를 부여해 마치 거대한 프레스코 벽화처럼 우리의 눈앞에 펼쳐 보이고 있다.

—최갑수, 서울대학교 서양사학과 교수

우리는 대규모 전쟁, 대학살, 경제 위기, 사회 대립으로 가득 찬 현대 세계가 나아질 수 있다는 희망을 주는 세계사적 통찰을 바랐다. 크리스 하먼의 이 책이 오랫동안 기다려온 바로 그 책이다.

—강성호, 순천대학교 사학과 교수